天師

監修者――佐藤次高／木村靖二／岸本美緒

［カバー表写真］
茅山　元符万寧宮　老子像

［カバー裏写真］
清　王雲　方壺図
（ネルソン・アトキンス美術館蔵）

［扉写真］
天師符
（『青城山志』第4版巻頭より）

世界史リブレット96

中国道教の展開

Yokote Yutaka

横手　裕

目次

中国史のなかの道教

道教は宗教である、とされている。そして宗教とは神などの超越的存在にたいする信仰を根本とするものなので、道教は諸子百家のいわゆる道家の思想家などは含まず、老子《ろうし》や黄帝《こうてい》あるいは鬼神にたいする信仰活動をおこなった後漢《ごかん》の太平道《たいへいどう》や五斗米道《ごとべいどう》（二七、二八頁参照）から始まるとするのが一般的である。今日の道教についての概説書や道教史の書物は、そのような前提で太平道や五斗米道から書きはじめられているものが大部分である。

しかし、そういった認識を前提として、さらに中国史上にあらわれたさまざまな書物を読みながら、そのなかで述べられている道教にかんする記事も加えつつ、より詳しく深めて考えていこうとすると、だんだんおかしなことになってくる。なぜなら、前提として頭においた道教と、書物に記されてきた道教、すなわち中国で歴史的に道教とされてきたものにはズレがあるのである。

では、中国で歴史的に道教とされてきたものとはなにか。まずは一つの代表として梁《りょう》の劉勰《りゅうきょう》が仏教の立場から批判的に道教を論じた『滅惑論《めつわくろん》』▲の例をみてみよう。そこでは、「案ずるに、道家の法を立つるや、その品《ランク》に三有り。上は老子を標《かか》げ、次は神仙を述べ、下は張陵《ちょうりょう》を襲う」と述べられている。「張陵を襲う」とは下文で「醮事章符《しょうじしょうふ》」と言い換えられているので、醮事すなわち神々の祭祀や上章《じょうしょう》▲、符書《ふしょ》▲などのことを指すことになる。前後の文脈も参考にすると要するに道教の内容として、老子(九頁参照)の無為《むい》や虚柔《きょじゅう》を貴ぶ思想、神仙術、そして符呪斎醮《ふじゅさいしょう》の類の三種類を考えていることになる。この「道家三品」の言い方はそっくり北周《ほくしゅう》の道安《どうあん》『二教論』▲にみえるなど後世にも影響を与えたようである。またもう一つの代表として、元《げん》の馬端臨《ばたんりん》『文献通考』▲「経籍考」の例をみてみたい。彼はおそらくはやはり『滅惑論』なども意識しつつ、先行する儒者の言葉も押さえてさらに分析を加え、「道家の術、雑にして多端なり。……蓋《けだ》し、清浄も一説なり、煉養《れんよう》も一説なり、服食も又《ま》た一説なり、符籙《ふろく》も又

▼**『滅惑論』**　中国最初の文学理論書『文心雕龍』の作者として知られる劉勰(四六五?〜五三一?)の作。劉は晩年に出家して仏僧となり、名を慧地と改めた。

▼**上章**　天上の神々にたいして上奏文をしたため、その紙を燃やし煙として天上に昇らせる儀式。

▼**符書**　道教式のおふだ。漢字をもとに象徴的な変形を加えるなどしてつくられた神秘的な図形。治病、身辺の守護、悪霊の駆除、鬼神の使役など、多種多様な効能があるとされる。

▼**『二教論』**　北周の僧道安が道教攻撃のため、武帝に提出した論文。二教とは仏教と儒教を指し、それに道教を加えて三教とする必要はないと論ずる。

▼**『文献通考』**　馬端臨(一二五四〜?)撰。古代から宋までの国家制度についてまとめた書。「経籍考」は当時収集できた書物の解題目録。

た一説なり、経典科教も又た一説なり」と述べている。続く解説によれば、「清浄」は黄帝、老子、列子《れっし》、荘子《そうし》（一五頁参照）の書に述べられる清浄無為の思想であり、「煉養」とはおもに赤松子《せきしょうし》、魏伯陽《ぎはくよう》の類で、当時の観点からすれば内丹《ないたん》（六〇頁参照）やその種の修養のこと、「服食」はおもに盧生《ろせい》、李少君《りしょうくん》、欒大《らんだい》の類で外丹《がいたん》服薬のこと、「符籙」とはおもに張道陵《ちょうどうりょう》（二八頁参照）、寇謙之《こうけんし》（三〇頁参照）の類であり、符による呪術のこと、「経典科教」とは唐《とう》末五代《ごだい》の杜光庭《とこうてい》よりこのかたの近世の黄冠《こうかん》（道士）の類であり、膨大な経典とそれにもとづく儀礼であるとする。つまり、そのような清浄、煉養、服食、符籙、経典科教の五種類とするのである。『滅惑論』もおそらくそうであるが、これらはたんに内容を分類して列挙したというだけではなく、歴史的にもこの順序であらわれたという見方をしているようであり、さらに価値的にも優れたものから劣ったものへという展開があったと考えている。

この二つはよく取り上げられる有名な文章であるが、他の客観的な道教論の類をみても大同小異である。内容として、老子はまあまあ（あるいは大変）良いが、それ以降はあまり良くない、とくに近頃の道教は良くない、という説き方はおおむね共通する。その評価の是非はともかくとして、そのような範囲のものが思い浮かべられるのが通例であった。

ところで、これらの例では「道教」とはいわずに「道家」としているが、中国の伝統的な文献を読んでいてもう一つ気づくべき重要なことは、修辞上の必要などに起因する中国の言葉や呼称の融通性、曖昧《あいまい》性である。そもそも中国には歴史的に儒・仏・道の三教のカテゴリーが存在し、そのなかの「道」はかならずしも「道教」という言葉で表現されるわけではなく、「道家」「道家の教」「道門」「道宗」「老氏」「老氏の教」「老氏の学」「老教」あるいは「玄門《げんもん》」などといった言葉と基本的に交換可能であった。「道教」はそのなかでもっとも代表性を有する言葉であるともいえるが、この言葉でなければならないということでもない。ただ、道教のみならず儒教や仏教を含めて「教」という表現に正しい教えという重い意味が込められるので、「道教」という言い方が非常に重要となった場合もあり、またそのために道教自身も自らを「道教」と名乗ることを好む場合もある。あるいは例えば「老氏」といったときに老子だけを念頭においている場合があるほか、ここにあげたような各語はそれぞれ微妙に異なったニュアンスで使うことも可能で、それを意識して用いられることもある。しかし、歴史を通観して（とりわけ宋《そう》以降における）もっとも一般的な文章にみられる状況としては、やはりここにあげた言葉はだいたい自由に交換されながら使われているように思われる。「道教」はそれらの一代表語であるが、そういわなければ儒・仏・道のうちの「道」が表現できないわけでもなかった。しかしまたそれが伝統的な文脈での「道教」の示すものである。

つまり煎じ詰めれば、中国の伝統的な文章に記された道教とは、儒・仏・道の三教の一つとしての道教であり、場合によっては道家や老氏などと言い換えられ、歴史的には老子（漠然と荘子、列子、関尹子《かんいんし》などを含む場合も少なくなく、ときおり黄帝を初めにおくこともある）を根源とし、そこから神仙道、斎醮符籙などを巻き込み、また生み出しながら展開し、それらを主たる内容とするものと観念されたものであった。この場合の道教は、あくまで三教という伝統的なカテゴライズにもとづくものであり、その一つとしての道教である。

これにたいし「宗教」はヨーロッパで成立し、近代に東アジアへはいってきた概念である。日本で明治維新が起こり、西洋の文化や学問の輸入が積極的におこなわれるなかで、ラテン語 religio をもとにした西洋諸国語（英仏 religion／独 Religion など）の和訳語が複数あらわれることになったが、明治十年代ころからそのうちの「宗教」が優位になり、しだいに定着していくことになったようである。ここで「宗教」という言葉をさかんに語りながら仏教、神道、儒教などにたいして文明的優越を主張したのがキリスト教であり、それに対抗して仏教も自らを優れた「宗教」であると説きはじめるようになった。そのような過程をへながら、「宗教」はキリスト教を範型としつつ、世界共通の文化の一つとして人が思考するにあたって必要な概念とみなされて定着した。そして、日本では仏教をはじめとしてそれに類似する既存の文化も「宗教」の名で呼び、その型にあわせて理解することになっていくのである。このような状況下で、道教もいつしか宗教とされたようである。

「宗教」の語を日本から輸入した中国では、日本の影響もあったようであるが、中国なりの展開をへて、今日では結果的に完全に「道教は宗教」であるとされている。欧米など、東アジア以外の地域における事情は漢字文化圏とはかならずしも一致しないので、ひとまずおく。

「宗教」あるいはreligionという概念の定義(ひいては普遍的概念としての資格)も厳密には大問題なのであるが、ひとまずこれまで一般に共通してもたれてきたと思われる理解にもとづいて考えてみるとして、たしかに道教は超越的存在(神)にたいする信仰活動をともなうキリスト教やユダヤ教、あるいはイスラム教などとも同様の面を多くもっており、「宗教」という観点からとらえても意味のあることとは思われる。それらと「宗教」として並立させ、今日の世界のなかで「宗教」としての役割について考えるのも意義深いことかもしれない。しかし、問題は「宗教」と「道教」は本来おたがいを意識せず別個にできあがったものであり、「宗教」なる概念の枠組みに元来の「道教」はぴったりおさまりきらないと思われることである。別の土地で別の事情でできあがった概念の枠に、対象の本来の内容や性質を考慮せず、押し込めて理解しろというのは、無理が生じやすいのは道理であろう。この点は儒教についてかねてより議論されてきたが、本質的に同じ問題のはずの道教や仏教については今日ほとんどかえりみられなくなっている(さらにいえば、「イスラム教」にしても、ここで話の都合上あえて旧来の呼び方と捉え方であつかったが、現在はやはり「宗教」概念の枠で考えることが疑問視され、「イスラーム」と表現するのが通例となってきている)。

道教を宗教としてあつかうことを全面否定しようとも思わないが、本書では、道教は中国の歴史のなかで形成され展開してきたことを重視し、また中国の歴史とともに論じるため、宗教としての道教という見方ではなく、中国で伝統的に道教とされてきたものからその内容上の輪郭を考えて話をしたいと思う。文献にもとづいて実証的研究をおこなう文献学に従事する者としても、これは避けられないところである。端的にいえば、儒・仏・道の三教の一つとしての「道」の文化史(三教のカテゴリー形成以前については、結果的にその「道」へ吸収されていく先行文化の歴史)であり、とくに筆者の専門である思想関係の内容が中心となる。もちろん伝統的な理解や知識には大小さまざまな誤解が含まれているので、そこに今日にいたるまでの学術的研究の成果を十分反映させながらみていく。

さて、このような道教では、いつの時代でも歴史的な根源とされ、また中心的存在とみなされていたのは老子にほかならない。まずはこの老子から話を始めたいと思う。

▼老子　道家・道教の祖であり、『老子』(『道徳経』)の作者とされてきた人物。

孔子老子会見図　山東省嘉祥県武氏祠前石室後壁東段承檐(えん)石画像(一八〇年頃)。

①—道家と神僊

老子

老子《ろうし》▲という人物の素性を語るにあたり、二〇〇〇年にわたってまず第一の根拠とされてきたのが、前漢《ぜんかん》の司馬遷《しばせん》による『史記』老子韓非列伝《かんぴれつでん》の記述である。「老子は、楚《そ》の苦県厲郷曲仁里《こけんらいきょうきょくじんり》の人なり。名を耳《じ》、字《あざな》を聃《たん》、姓を李《り》氏といい、周の守蔵室の史《し》(図書館を管理する役人)なり。……」と始まり、孔子《こうし》が彼と会見して礼について問答し、まるで龍のような人だと感嘆したことや、周《しゅう》王朝の衰えを見て中国を去り、その途上で関令《かんれい》(関所の長官)の尹喜《いんき》にたいして道・徳について述べた上下篇の書物の五千余言を授け、そのままどこかへ消え去ったことなどが記されている。また続けて老子は別の老萊子《ろうらいし》なる人や、太史儋《たいしたん》のことかもしれぬなどとも述べられている。このことからもうかがえるように、そもそも司馬遷自身も老子その人について自信をもって書いているわけではない。今日では先秦《せんしん》時代のさまざまな文献の検討をへて、このような老子伝はもはやほぼ事実とは考えられていない。また老子が『老子』として残っている書物の著者であるということも、同じようにほとんど事実とは考えられていない。以前は『老子』のテキストは、三国魏《さんごくぎ》の王弼《おうひつ》▲注のテキストが成立時期のわかるものとしては最古とされてきたが、一九七三年に、湖南《こなん》省長沙《ちょうさ》市馬王堆《ばおうたい》▲の前漢時代の墓から白絹の布に記されたいわゆる帛書《はくしょ》『老子』が発見され、二〇〇〇年をへて前漢のナマの資料が出現したということで『老子』研究に衝撃を与えた。さらに一九九三年には、湖北《こほく》省荊門《けいもん》市郭店村《かくてんそん》にある戦国楚《そ》の貴族の墓▲から、もうひとまわり古い『老子』の残簡(断片)が出土し、『老子』の成立を考えるにあたって多くの新情報を提供した。ただし、これらの画期的なできごとがあったといっても『老子』成立の謎が順調に解明の途にのせられたわけではない。現時点で最古の『老子』であり、また現行本と内容がかなり相違する郭店本『老子』テキストをめぐり、研究者の見解は二分している。一方ではもともと古くからすでに現行本に近い『老子』の原型が存在し、それをある立場から必要部分を抄写したのが郭店本であるといい、もう一方では郭店本が『老子』の形成途上の姿であり、それにさまざまな付加や編集が加えられてのちに帛書『老子』や王弼注本すなわち現行本となったと主張されている。これはまだ結

▼王弼(二二六〜二四九)　三国魏の思想家。少年時より天才の誉れが高かったが、若年にして死す。

▼馬王堆　前漢初期に長沙国(現在の湖南省長沙市付近)で丞相の位にあった軑(たい)侯・利蒼(りそう)とその親族の墓と考えられている遺跡。導引法を図示した「導引図」、房中術を記した「天下至道談」など貴重な資料の出土でも知られる。

▼郭店楚墓　戦国楚の貴族の墓で紀元前三〇〇年ころのものと推定されているが、墓葬年、墓主については諸説ある。一号墓より竹簡八〇四枚が出土し、『老子』のほか、「太一生水(たいいっせいすい)」や「性自命出(せいじめいしゅつ)」など道家系、儒家系の未知の文献が数多く発見された。

●—馬王堆帛書『老子』　甲本・乙本の二種類あるうち古いとされる甲本。

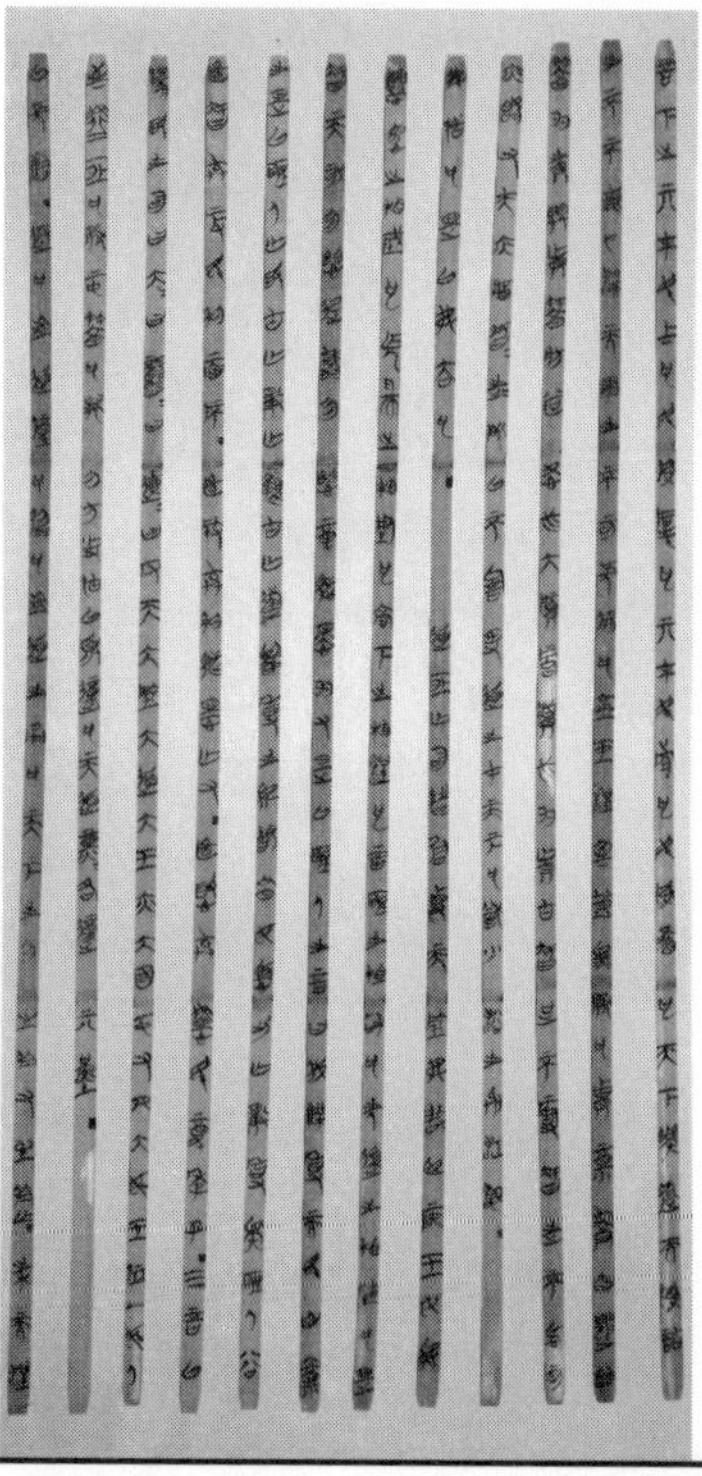

●—郭店本竹簡『老子』

局決定的な根拠となる材料があらわれていないこともあり、当面意見の一致をみることは難しいであろう。

しかし、老子がどのような人であるか、あるいはそれにあたる特定の人物が実在したか不明であるにせよ、また『老子』一書の元来の姿がよくわからないにせよ、老子という人物のことと、その人に帰せられる書物に「道」や「徳」、「柔」や「無為」などを基本とする思想が説かれていたことについては、遅くとも戦国時代の後半には人びとの知るところとなっていたのは当時の文献からわかる。同時にこの前後より、世界万物の根源に「道」というものを考え、それをもとにした思想を説く、似たような思想家もあらわれるようになる。これは後世「道家」という学派にカテゴライズされることになっていくが、しかしまずは老子は黄帝《こうてい》と結びつけられ、「黄老《こうろう》」というカテゴリーが成立する。

黄老・老荘・そして道家

黄帝は太古にあらわれた五帝の最初の人物として『史記』の開巻劈頭《かいかんへきとう》に登場する。しかし、『書経』や『論語』などの古い文献にはみえず、その名が語られはじめるのは戦国時代なかごろ（斉《せい》の威王《いおう》時の銘文が最初とされる）のことである。この黄帝は陰陽《いんよう》暦法、医学、神仙術、兵書など古代のさまざまな学術において、その創始者あるいは象徴的存在としてかつぎだされているが、その多様な顔の一つとして、「道」とそれにもとづく無為の政治思想を説く古代の帝王とされてもいた。『老子』ももともと為政者がいかに人びとをおさめるかという話が多く載せられており、本来の構造からすると、そちらのほうが主要テーマであったとも考えられている。そこで、黄帝と老子は戦国の後期ころより一体化して、あとにみる道家と法家が融合したような「黄老」思想として前漢時代までおおいに流行することになり、その関係の思想家も数多くあらわれたようである。そして現実に政治の場にも採用され、前漢の武帝《ぶてい》のときに董仲舒《とうちゅうじょ》▲の献策により儒教が国家教学とされるまでは、漢王朝では黄老思想が政治イデオロギーとして尊ばれていたのであった。

　ところで老子から道家という学派が起こり、列子《れっし》や荘子《そうし》などの後学が続き、その思想は老荘《ろうそう》思想ともいう、との理解がやはり長いあいだおこなわれてきたが、この捉え方も正確ではない。道家という枠組みが説かれはじめたのはかな

▼董仲舒（前一七六?～前一〇四?）
前漢の儒学者。景帝に仕えて博士となる。陰陽五行説にもとづく天人相関説などで後世に大きな影響を与えた。著書『春秋繁露』。

馬王堆帛書『黄帝四経』（**黄帝書**）
馬王堆帛書『老子』乙本とともに出土した文章。『漢書（かんじょ）』芸文志（げいもんし）に名をあげられる佚書（いっしょ）『黄帝四経』と推定されている。すなわち黄老思想の原貌を伝える文献と考えられる。

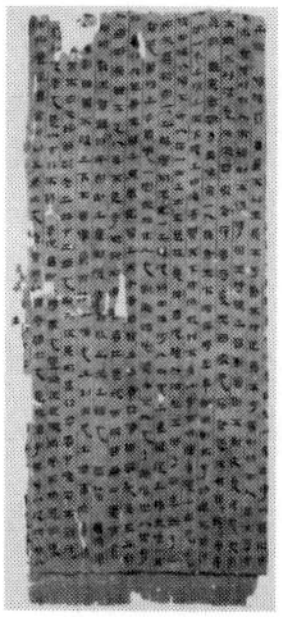

▼呂不韋(?〜前二三五)　戦国末の秦の宰相。三〇〇〇人の学者や遊説の士を動員して当時の学説を集成し、『呂氏春秋』を編纂。のちに始皇帝(しこうてい)より迫られて自殺。始皇帝の父との説もある。

老子と関令の尹喜(何道全述註『太上老子道徳経』)　尹喜(関尹)は函谷関(かんこくかん)あるいは散関を守る長官とされる。『漢書』芸文志にその著として『関尹子』九篇をあげ、今日同名の書が伝わるが、後世の偽作とされる。

りのちの時代であり、前漢の半ばにいたってからである。

戦国時代末期に、秦《しん》の呂不韋《りょふい》▲が食客《しょっかく》たちに諸子の思想を集めて編纂させた『呂氏《りょし》春秋』(前二三九年)の不二《ふじ》篇は中国で最初の思想概説の一つであり、当時知られていた主要な思想家をその思想とともに一言であらわし、「老耽《ろうたん》(聃)は柔を貴び、孔子は仁を貴び、墨翟《ぼくてき》は廉(兼)を貴び、関尹《かんいん》は清を貴び、子列子は虚を貴び、陳駢《ちんべん》(田駢《でんべん》)は斉を貴び、陽生《ようせい》(楊朱《ようしゅ》)は己を貴び、孫臏《そんぴん》は勢を貴び、王廖《おうりょう》は先を貴び、児良《げいりょう》は後を貴ぶ」と記している。ここには諸子の思想をカテゴライズする観点はまだとられていない。それからおそらくはその後の戦国末〜前漢景帝《けいてい》期の成立と推測されている『荘子《そうじ》』の天下篇でやはり諸子の思想が論じられており、墨翟・禽滑釐《きんかつり》を節用(倹約・勤勉)や兼愛(博愛)などを説いた人びと、宋鈃《そうけい》・尹文《いんぶん》を禁攻寝兵(非戦)と情欲寡浅(無欲)による平和主義を説いた人びと、彭蒙《ほうもう》・田駢・慎到《しんとう》を斉万物《せいばんぶつ》(万物にたいする無差別平等)を説いた人びと、関尹・老聃を万物の根源を重んじ柔和・謙譲・無為などを説いた人びと、荘周《そうしゅう》を荒唐の論で造物者と遊び死生や事物の終始を超越した者を友とする人、そして恵施《けいし》および桓団《かんだん》・公孫龍《こうそんりゅう》を論理分析を説く人びととしてあげている。ここでは学派名は使われないが、関尹（九頁の「関令の尹喜」と同じ）・老聃が一つのカテゴリーとされている。そして荘周はそれとはまた別の位置に置かれている。なお『荘子』のなかの文章であるにもかかわらず、ここでは関尹・老聃が絶賛され、荘子は現実離れして真実をつくしきれていないと、かならずしも十分評価はされていない。

　一方、これと比較的近い時期に著されたと思われる『淮南子《えなんじ》』▲要略篇（前一三九年）には、老子と荘子をあわせた「老荘」の語（概念といってもよい）が、現存する文献では歴史上はじめてあらわれる。これは老子を政治色の強い黄帝から切り離して哲学へと引き寄せる意図もしくは時代の流れがあったともいわれる。そしてそれはおよそ半世紀弱の時をへて、司馬遷『史記』の「老子韓非列伝」において、老子伝に続けて荘子伝を載せ、荘子について「その要本は老子の言に帰す」としていることにいっそうはっきりあらわれる。さらに『史記』太史公《たいしこう》自序に司馬遷の父、司馬談《しばだん》の「六家要指」を示し、老子などを念頭においた「道家」の名称が使われている。これがこの語の初出のようである。ただ、厳密にいえばそこに荘子が含まれているかわからない。

▼**『淮南子』**　前漢の淮南（わいなん）王、劉安（りゅうあん、?〜前一二二）が自分のもとに身を寄せる多様な学者たちとともに編んだ書。道家系の思想を基調にしつつ諸子百家の学術を集成した。

荘子像（安徽省蒙城県）　荘子の名は周。戦国時代、宋国の蒙県の人。寓言や説話を多用して、世俗的な価値観をこえた自由な境地を説いた。『荘子』の最初の数篇（あるいは内篇）が彼の著で、その他の外篇・雑篇などは後学の作と推定されている。

九流十家と呼ばれる諸学派とともに「道家」の語が学派名として決定的に示されるのは、後漢《ごかん》に編まれた『漢書《かんじょ》』の芸文志《げいもんし》である。またそのもとになったのは劉歆《りゅうきん》の『七略《しちりゃく》』▲であり、さらにその父である劉向《りゅうきょう》の『別録《べつろく》』▲でもあった。『漢書』芸文志の諸子略・道家にはそこに属する文献として、『伊尹《いいん》』に始まり、『筦子《かんし》』(管子)などをはさんで『老子鄰氏経伝《りんしけいでん》』『老子傅氏経説《ふしけいせつ》』『老子徐氏《じょし》経説』『劉向説老子』『文子《ぶんし》』(老子の弟子という)『蜎子《えんし》』(同上)『関尹子』『荘子』『列子』……『田子』(田駢)……『黄帝四経』『黄帝銘』『黄帝君臣』『雑黄帝』……と三七種の名があげられている。ここには老子が多くの弟子や伝承者をもつ道家の中心人物であり、かつそこから関尹、荘子、列子へと続いていく図式が表現されている。一方本来は老子にもっとも密着し、その前におかれるべき黄帝の書があとまわしにされている。これは「黄老」の結びつきの重要性がうすらいでしまったことを物語っている。それが前漢末頃の状況といえよう。

方技と神僊

道教の源流を古代に求めるにあたり、老子を中心とする黄老家や道家ととも

▼**『七略』**　劉歆が父劉向の図書整理の仕事を受け継ぎ、すべての図書を輯略、六芸略、諸子略、詩賦略、兵書略、術数略、方技略の七部に分類した目録とされる。このうち輯略は序文であったらしく、『漢書』芸文志では省略されて他の六分類により図書を分別した。

▼**『別録』**　漢の王室で集めた図書を劉向が整理したさいにつくった図書解題集と考えられる。『七略』のもとになる分類法がとられていた可能性があるが、現存せず実情は不明。

▼蓬萊山　古くより山東半島の東の沖合に蓬萊・方丈・瀛（えい）州の三神山があって僊人（仙人）が住むといわれ、蓬萊山がその代表とされた。秦の始皇帝が徐福（じょふく）に探させた話は有名。図は清・袁耀「蓬萊仙境図」。

▼崑崙山　中国のはるか西方にあるとされるが、また地上の中心にあって天を支える柱となっているともいわれる。仙女の西王母（せいおうぼ）が住み、不死の桃を栽培しているという。

に欠かせないものが、神仙説である。神仙説は、はるか東海の彼方にある蓬萊《ほうらい》山《さん》▲や西方の果てにある崑崙山《こんろんさん》▲に僊人《せんにん》（仙人）や羽人《うじん》なるものが存在するという伝説に由来する。これらは人間界とは別の特殊な世界の生き物とされ、飛昇、不死などの属性をもつものと考えられた。それが医学や方術の発展とともに、人間もしかるべき方法論に従い努力を積めば成りうるものとされるようになり、これを愛好した漢の武帝のころには大変流行し、それを吹聴する方士たちが世にはびこった。

さて、中国の古代に存在した学術、技術、文化を総合的にみるには、やはり『漢書』芸文志を踏み台にするに如《し》くはない。この『漢書』芸文志は大分類として、六芸略《りくげいりゃく》、諸子略、詩賦《しふ》略、兵書略、数術略、方技《ほうぎ》略から成るが（「略」は境界・区分の意味）、その方技略のなかに「神僊《しんせん》（家）」が位置づけられている。

この「神僊」の一段には一〇種類の書名があげられている。順にあげれば、『宓戯《ふくき》雑子道』『上聖《じょうせい》雑子道』『道要《どうよう》雑子』『黄帝雑子歩引《ほいん》』『黄帝岐伯按摩《きはくあんま》』『黄帝雑子芝菌《しきん》』『黄帝雑子十九家方』『泰壹《たいいつ》雑子十五家方』『神農《しんのう》雑子技道』『泰壹雑子黄冶《こうや》』である。これらはすべて現存しないので詳しい内容はよくわからな

西王母と羽人たち、玉兎(ぎょくと)、**蟾蜍**(せんじょ)　山東省嘉祥県宋山小石祠西壁画像石(一四七〜一八九年頃)。

いが、題名からある程度推測可能である。「歩引」とは、「導引」にほぼ同じと考えられる。「導引」とは身体の屈伸運動を中心に呼吸法などを取り入れた養生長生法である。一九七三年にこれを図示した「導引図」が『老子』とともに馬王堆の前漢墓から出土し、その具体的な姿が明らかとなる画期的発見となった。「按摩」は今日にいうそれとほとんど同じであろう。「芝菌」とはキノコのこと。ある種のキノコは古来、神仙の食する神秘的な植物とされていた。ここはその服用法を説いたものであろう。「黄冶」は直訳すれば「黄金の精錬」で錬金術であるが、転じて不老不死の丹薬を錬成する錬丹術のことを指す。やはり古くから黄金や他の金属を調合して不死の薬をつくる技術が説かれ実践されていた証拠であろう。これは「黄白の術」ともいう。「白」とは銀のことである。なお、宓戯(伏羲《ふくき》)、黄帝、泰壹(太一《たいいつ》)、神農などの神話的人物は神仙の類とされ、これらの技法に結びつけられていたのであろう。

またこの方技略には「神僊」のほか、「医経」「経方」「房中」の三家が載せられているが、これらもそれぞれ道教との関わりは非常に深い。「医経」とは経絡《けいらく》や人体の陰陽などの医学の基礎理論と針灸などの技法の書物である。現存

馬王堆帛書「導引図」　原図に線描で復元を加えたもの。

する『黄帝内経』(のちに素問《そもん》・霊枢《れいすう》に分けられたとされる)などがそこにあげられている。「経方」は薬学の書物。伝統的な医学と薬学は不老長生をめざすためには欠かせない知識であり、中国医学および本草学史上の最重要人物ともいえる梁《りょう》の陶弘景《とうこうけい》や唐の孫思邈《そんしばく》は道士であった。そして「房中」すなわち房中術は男女の性交の技法をもって健身をはかるものである。そこには『容成陰道《ようせいいんどう》』『湯盤庚陰道《とうばんこういんどう》』『黄帝三王養陽方《ようようほう》』などの書名があげられているが、これにかんしても、馬王堆から出土した房中文献「十問」のなかで房中を論ずる人物として黄帝や容成《ようせい》、盤庚《ばんこう》の名がみえ、照応している。また房中術はのちに初期天師道で実践されたことをはじめ、長生のための道術としてのちのちまで根強くおこなわれるが、やはり道教の内外から批判をこうむりつづけたものでもある。

なお後述するように、『魏書《ぎしょ》』釈老志《しゃくろうし》などのように正史に道教についての専論を立てる場合があるが(四三頁参照)、それをしない場合に正史では道教関係者の伝記は「方技《ほうぎ》(方伎)」伝にいれられるのが通例である。それほどこの方技と道教は内容がかさなっているともいえよう。

芝菌の図（『太上霊宝芝草品』）

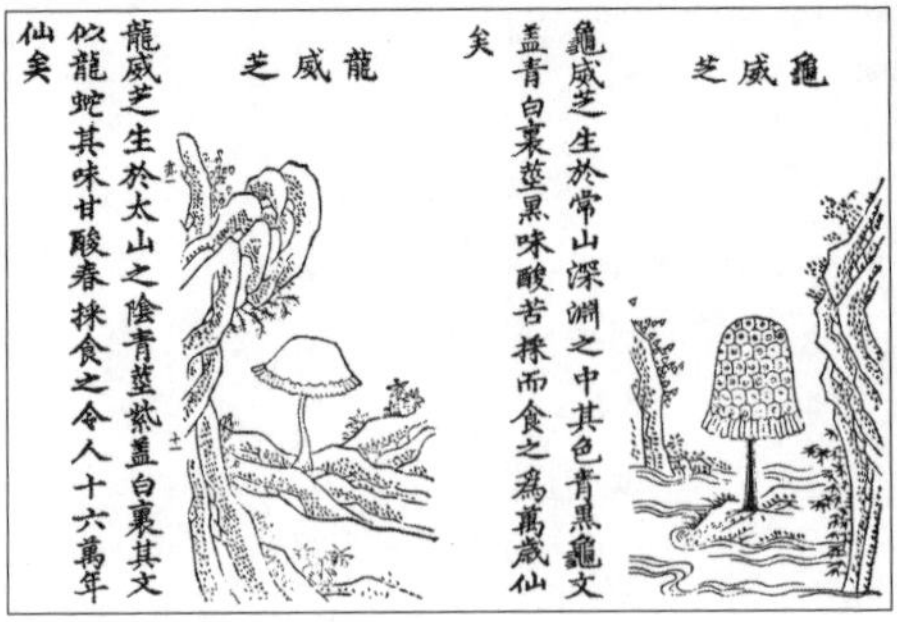

さまざまな神仙術

ここにみたような『漢書』芸文志の「神僊」あるいは方技略ではっきりわかる神仙術以外にも、前漢時代までにはさまざまな技法が実践されていたことは数多くの資料が語ってくれる。

まずは「吐故納《とこのう》（吸《きゅう》）新《しん》」と呼ばれる呼吸法がある。文字どおりには、故気すなわち古く悪い気を吐き出して新しく新鮮な気を身体に納め入れるということである。思想的にいえば、人間は要するに気によって生きていることを前提とし、地の気を穀物を中心とする食物から、天の気を呼吸により取り入れているとする。しかし地の気は濁った気であり、それにより人は重くかつ有限なる存在となっている。そこで穀物を断ち（「辟穀《へきこく》」）、天の清らかで軽い気のみを摂取する（「食気《しょくき》」）ことで長生が可能となり、また身体は軽くなり最後には地から浮上して天へと昇ることができるとも考えるのである。『荘子』刻意《こくい》篇には「道引の士」の行いとして、「吹呴呼吸、吐故納新、熊経鳥申《ゆうけいちょうしん》（熊や鳥が体を伸ばすポーズをする）」をあげているので、これを導引の一部という捉え方もできるのであろう。また、同じ『荘子』逍遙遊《しょうようゆう》篇の有名な藐姑射《はこや》の神人が、「肌膚は

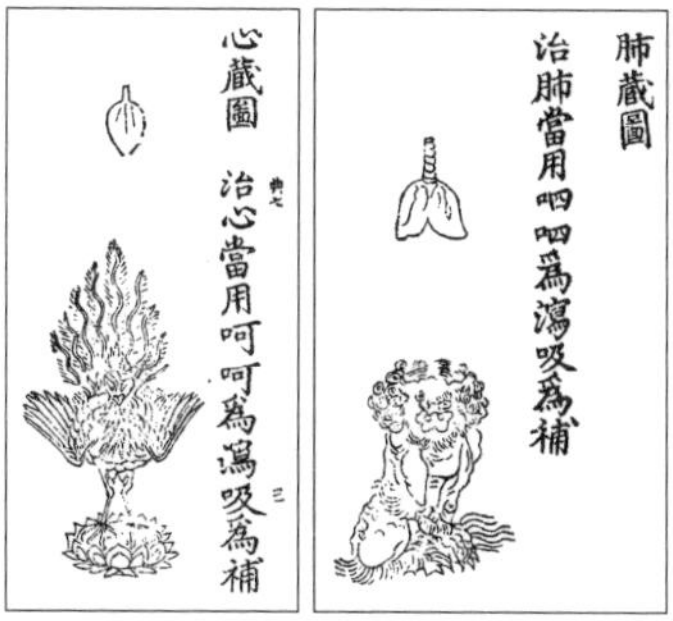

五臓神の図(『上清黄庭五蔵六府真人玉軸経』)　この図の五臓神は四獣(青龍・朱雀・白虎・玄武)をもとにしているが、人の姿をしているとされる場合が多い。

冰雪《ひょうせつ》の若《ごと》く、淖約《しなやか》で処子《おとめ》の若し。五穀を食わず、風を吸い露を飲み、雲気に乗り、飛龍を御して、四海の外に遊ぶ」と記しているのも、ほぼ同様の発想にもとづいている。

それから、『漢書』郊祀志《こうしし》下《し》には「化色五倉《かしょくごそう》の術」というものに言及している部分がある。五倉とは五臓をいう。これは一種の瞑想法であり、腹中に五臓の神がいることをイメージするものであったらしく、この方法を実践することによって不死になるとか、飢えることがなくなるなどといわれている。あとにみるように(三三頁参照)、五臓神をはじめとする体内神をイメージする方法は、長生法にせよ符呪法にせよ、のちの道教にとって欠くことのできない重要な技法となっていく。

また、禹歩《うほ》という術がある。禹とは治水の功績で舜《しゅん》から帝王の位をゆずられ、夏《か》王朝を創始したとされる古代の聖天子である。彼は中国全土をおさめるために一三年も家に帰らず各地を経巡《へめぐ》ったが、そのために足を痛めて片足を引きずるような歩き方になったという。それで禹は旅行の神とされ、またこれと同じように後ろ足を前足の前に出さないような歩行法にも呪術的な意味づけがおこ

禹歩の図（『太上助国救民総真秘要』）

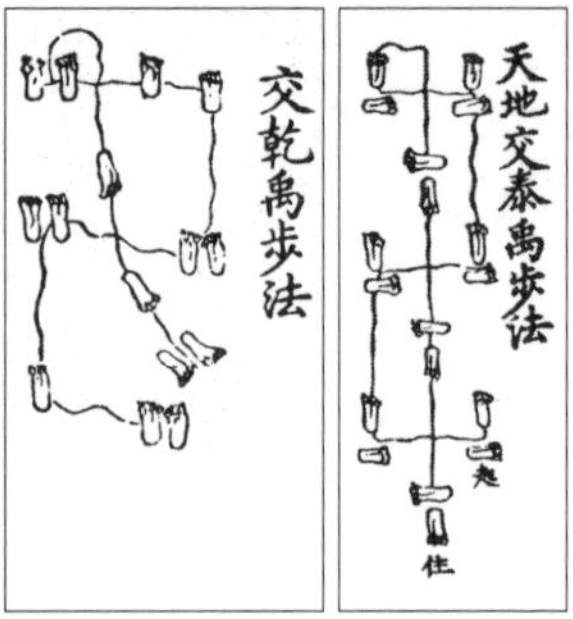

なわれ、出立前にこのステップを踏むことで旅行中に鬼神の加護がえられるなどとされた。その後は、あるいは悪霊から身を守るため、あるいは病気治療のため、そしてなによりも鬼神を招き寄せ使役するための方法として、道教ではなにかとこの禹歩がおこなわれるようになっていく。戦国時代の紀元前三世紀なかごろもしくは末ころのものとされる湖北《こほく》省雲夢《うんぼう》県睡虎地《すいこじ》の墓から出土した竹簡「日書」にこの禹歩について記録がみられるほか、やはり馬王堆帛書の一つである「五十二病方」にはかなり詳しい記述がなされている。さらに、『荀《じゅん》子《し》』や『呂氏春秋』など先秦時代の文献にも断片的であるが関連する内容が述べられており、その歴史の古さがうかがえる。

鬼神信仰と符の源流

もちろん、天地にあまねく存在するとされたさまざまな鬼神への信仰も、道教には欠くことのできない要素である。これは伝統的に知識人をして道教を胡《う》散《さん》臭いものと思わしめ、悪評をかもしている原因であるが、一方でさまざまな種類の神々が寺院で祀られ、庶民がたえまなく訪れて叩頭《こうとう》礼拝《れいはい》している姿は、

墨子像（『有象列仙全伝』）　墨家の祖である墨子（ぼくし）は神仙とみなされ『墨子』は道蔵（どうぞう）におさめられた。そのおかげで『墨子』のテキストは道蔵とともに今日に伝えられ、散逸をまぬがれた。

多くの人にとって道教の代表的なイメージとなっているだろう。元来『老子』や『荘子』などの道家系文献には、鬼神の存在をいちおう念頭においている文章はみられるにせよ、別にそれに積極的にかかわっていくべきことを説いているわけではない。鬼神信仰の源流としてひとまずあげられるのは、殷《いん》の上帝《じょうてい》信仰に発する天の信仰、儒家にさかんにおこなわれた祖先信仰、民間で各地におこなわれた巫法《ふほう》、そして墨家《ぼっか》の鬼神信仰であろう。この墨家は世界を天・鬼・人の三つに分け、天は世界の最上層にあって鬼・人の世界を主宰する人格神的なものとし、鬼は詳しくいえば天の鬼・山川の鬼・人の亡魂に分かれるようだが、天と人の中間に存在して人界を支配するとした。天は人間界の帝王とその政治を監視し、鬼は一般の人びとを監視し、人が天や鬼の意向（これが「義」すなわち道徳・倫理とされる）に反すると、罰として天災や事故などが起こるとされた。そこで人間は、天や鬼神の祭祀を欠かさずにおこない、かつ日々正しい道徳的実践に励むことにより、天と鬼神よりもたらされる罰を回避できると説かれた。

　このようなスタイルの鬼神や天の信仰は、宗教化した道教の一つの重要な淵源とみなしうることがしばしば指摘される。また、ここにみられる天・鬼・人の三部世界観は、のちの道教にあらわれる仙・人・鬼の三部世界観▲に類似していることもまたよく指摘される有名な事実である。

それから、鬼神信仰と深くかかわる「符」の使用ということも道教を特徴づける重要な要素である。「符」は邪鬼から身を守ったり、また鬼神を使役するなど、神秘的な力をもつとされる一見奇妙な図形であり、日本でいうところの「おふだ」である。歴史的な文献をながめるかぎり、前漢以前にはこのような「符」についての言及はまずないようであるが、しかし古い墓からはそれらしきものを思わせる記述がでている。図形自体はないが、さきの睡虎地出土の「日書」には「禹符」なる符を用いるらしきことが記され、また馬王堆の「五十二病方」にも呪術的治療法にある種の符を使うらしき記述がみえ、早くから不思議な力があるものとされていた可能性をうかがわせる。後漢時代の墓になると、当時の原始的な符がいくつか姿をあらわしている。そのなかでもっとも早い紀年がみられるのは、洛陽《らくよう》郊外の邙山《ぼうざん》漢墓出土の陶罐《とうかん》に記されたもので、延光元(一二二)年とある。これらは多く「解注文」(解除文)という、死者の祟り

▼仙・人・鬼の三部世界観　人のなかの善い者は仙、悪しき者は鬼となり、仙のなかの罪を負う者、鬼のなかの福徳ある者は人にもどるとし、みなそれぞれの世界を往来しているという。上清(じょうせい)派の根本文献『真誥(しんこう)』闡幽微(せんゆうび)篇に明記されるが、これに共通する認識は当時のさまざまな文献にもみえる。

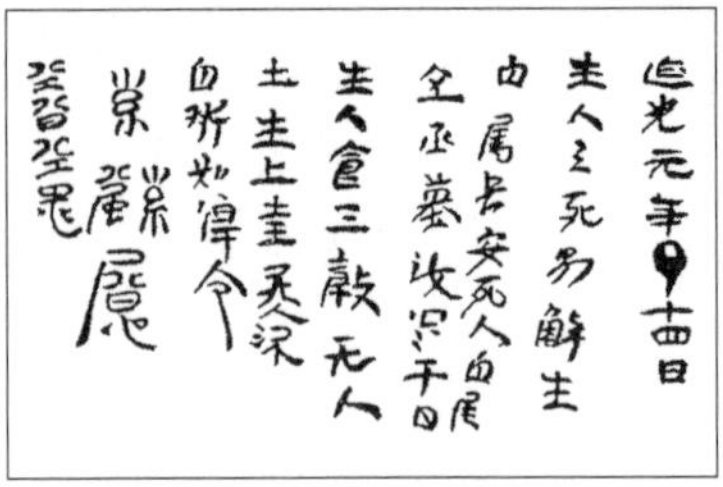

河南省洛陽邙山漢墓出土陶罐の解除文と符　『太平経』の符(漢字をかさねる「複文」と呼ばれる形式)との類似が指摘されている。

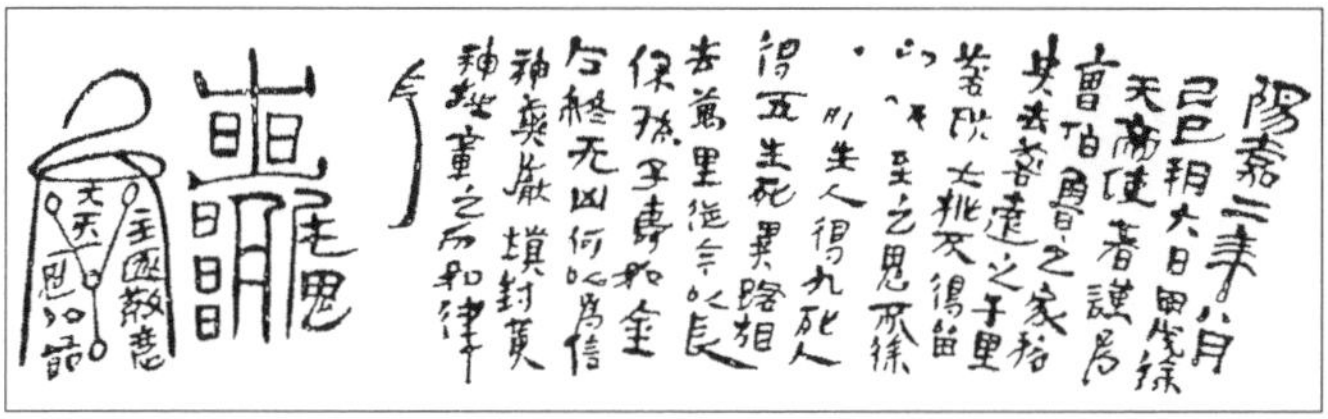

陝西(せんせい)**省戸県朱家堡漢墓出土陶罐の解除文と符**(戸県曹氏符)
陽嘉二(一三三)年の紀年がある。

が現世の親族などにおよばないように天帝(もしくはその使者)に願う文言とともに記されており、やはり極めて呪術的な用いられ方である。そして後漢末になると太平道《たいへいどう》と五斗米道《ごとべいどう》が興り、このような符の効用を強調した教説をもっておおいに民衆を引きつけ、漢帝国を滅亡へと導く大勢力を形成することになる。この太平道の用いたものの姿を残していると思われる符が、今日の道蔵《どうぞう》(道教の一切経)のなかにもみることができる。

②—宗教的信仰集団と経典の形成

黄老信仰

　前述のように、黄老《こうろう》思想は前漢《ぜんかん》時代の初め、道家的な「道」や無為の思想を基礎としながら、法家的刑名《けいめい》思想▲をあわせもつ政治イデオロギーとして一世を風靡《ふうび》した。しかし、武帝《ぶてい》のときに董仲舒《とうちゅうじょ》の献策によって儒教としての「天人」の関わりを軸とする思想が国家の基本教学の地位にすえられるにおよび、政治思想としての役割を終えて歴史の表舞台から姿を消してしまう。しかし、「黄老」というカテゴリーは、かえっていわば裏舞台の民間にまわって根強く残りつづけることになる。

　元来黄帝《こうてい》は『漢書《かんじょ》』芸文志《げいもんし》の「方技《ほうぎ》」のところでみたように、さまざまな方術を権威づける象徴的神的存在となっていたが、その流れから神仙としての性格が強調されるようになり、宗教信仰の対象となっていく。老子《ろうし》の言葉は本来どちらかというと形而上学的であり、荘子《そうし》と結びついて「老荘《ろうそう》」として原理考究の学の方向へと引き寄せられていくことにもなるが、一方で「黄老」の枠組

▼**刑名思想**　「刑」は形で、形としてあらわれた状態・実績。「名」は名称・名目。臣下はそれぞれの役職に要求される名目・職分と実績が一致しなければならず、君主はその一致・不一致により賞罰すべきという学説。

姚伯多造「皇老君」像碑　北魏（ほくぎ）大和二十(四九六)年。老子を神格化した「老君」の像。現在、紀年のあるものとしてはもっとも古い。

杜崇□為杜世敬李要貴等造老君坐像石　北周天和二(五六七)年。代表的な初期の「老君」像。東京芸術大学蔵。

干吉(于吉)像(『列仙図賛』)

みのなかで黄帝にも引きずられて神仙としての性格を与えられるようにもなっていく。後漢《ごかん》時代には、老子は長生不死の仙人とされて信仰の対象にもなっていたことは、当時のさまざまな記録にうかがえる。

　そしてこのような黄老にたいする信仰はしだいに集団を形成して社会にあらわれ、後漢末には漢帝国を転覆させかねない反乱へと成長する場合もでてきた。それが太平道《たいへいどう》である。これはもともと、後漢のなかごろに干吉《かんきつ》(一説に于吉《うきつ》)という人物が曲陽《きょくよう》(山東《さんとう》の南から江蘇《こうそ》の北の沿海部らしい)の泉のところで、みずいろの絹布に記された陰陽五行説《いんようごぎょうせつ》や巫覡《ふげき》の雑語からなる神書『太平清領書《たいへいせいりょうしょ》』一七〇巻をえたことに始まるとされ、弟子の宮崇《きゅうすう》がそれを時の天子の順帝《じゅんてい》(在位一二六〜一四五)に献上した。役人たちはあやしんでそれを世に出さずしまいこんでしまったが、そのあとに河北《かほく》の張角《ちょうかく》(?〜一八四)がどこからかそれを大量に入手し、太平道という宗教結社を結成した。この太平道は史書に「黄老道を奉事した」と記されるが、具体的な活動内容は、自らの過ちを反省して天神・鬼神に告白懺悔《ざんげ》する「首過《しゅか》」(あるいは「思過」)と、符をいれた水を飲み呪文を唱える「符水《ふすい》」であり、それらの実践により諸病が癒えるとされた。不安定な後漢末の社会のなかで、民衆はしだいにこれを信仰するようになり、信徒は十余年のあいだに全国に広まり数十万となった。同時に軍隊としての性格ももつようになり、政府からしばしば弾圧を受け、一八四年にはついに王朝転覆のため黄巾《こうきん》を身につけ一斉蜂起し、いわゆる黄巾の乱▲を起こした。これは結局政府軍によって鎮圧されてほとんど壊滅したため、一部の経典は『太平経《たいへいきょう》』として偽作などで増補されつつ伝えられたが、基本的にその本来の宗教的活動を後世に伝え残すことはできなかった。これにたいし、かなり類似した内容をもち、やや遅れて立ち上がった五斗米道《ごとべいどう》はそうではなかった。

▼**黄巾の乱**　後漢霊帝(れいてい)の中平元(一八四)年は干支が甲子にあたるので、決起の年として黄巾をつけた数十万の太平道信徒が全国一斉に蜂起した。「蒼天已に死す、黄天当に立つべし、歳は甲子に在り、天下大吉ならん」がスローガン。反乱はまもなく鎮圧されたが、これが原因で後漢王朝の統治は崩壊し、三国分裂の時代となっていく。

『太平経』の符

五斗米道と天師道

五斗米道は蜀の成都《せいと》に近い鶴鳴山《かくめいざん》で道を修行したという張陵《ちょうりょう》(張道陵《ちょうどうりょう》)に始まる。三代目の張魯《ちょうろ》のときに蜀《しょく》から漢中にかけて広まり、政治と一体化して約三〇年にわたり五斗米道にもとづく宗教国家を築いた。信徒に入信時もしくは治病をほどこすさいに五斗の米を献納させたためにその呼称をえたという。内容としては治病がもっとも重要であったが、太平道《たいへいどう》と同じく「思過」により道徳

張道陵像（龍虎山天師府）

三官（三元）像　現在の中国大陸でもっとも著名な広州三元宮のもの。三官を主神とする道観としてはもっとも著名な広州三元宮のもの。

的罪過を反省させ、それにより鬼神の懲罰としての病気が平癒すると説いたらしい。さらにあらゆる生き物の行為の善悪を監視する神として天官・地官・水官の三官がいると説き、自己の道徳的な罪の告白を三通の手紙にしたためて山上・地中・水中において三官に提出させた。また各地に義舎と呼ばれる旅行用の宿舎を建て、食料も備えて無料で提供したが、過分な利用は鬼神が罰として病を与えるとした。五斗米道でとりわけ着目すべき点は、かなりしっかりと教団的組織を設定していたことであろう。一般の信者は「鬼卒《きそつ》」と呼ばれ、その上に指導者として「祭酒《さいしゅ》」がおかれた。とくに多くの鬼卒をかかえる祭酒は「大祭酒」（「治頭《ちとう》」）とされる。そしてそれらの頂点に教主（「天師」）がいる。祭酒は「治《ち》」と呼ばれる教区をもち、その信徒たちに『老子』の学習を指導した。また「首過《しゅか》」はもとより人を欺かないことなどを指導したほか、信徒は禁酒や春夏期の殺生の禁止などが求められた。神仙術も適宜おこなわれていたが、「黄赤《こうせき》の道（術）」と呼ばれる房中術の実践も積極的に説いていたらしく、のちに各方面から批判されることになる。

　後漢末に魏《ぎ》の曹操《そうそう》が蜀に攻め込み張魯の国は滅ぼされるが、曹操は張魯およびその子たちを、都としていた鄴《ぎょう》（現在の河北省南部の臨漳県《りんしょう》）へ移しつつ厚遇し、また蜀にいた五斗米道の信者数万戸を北方の渭水《いすい》および黄河《こうが》流域に移住させ、魏の監視下においた。つまり、五斗米道の大部分は中原《ちゅうげん》方面へ移った。その後、魏から西晋《せいしん》にかけてはこの北方地域で新たに信者となる者も多くでたようである。例えば書聖として著名な東晋《とうしん》の王羲之《おうぎし》▲は道教マニアとして知られるが、その一族は南渡以前より代々五斗米道の信者であったとされる。同様の例は多かったようであり、西晋末の八王の乱から五胡《ごこ》進入にいたる戦乱を避けて南下した人びとが、長江《ちょうこう》下流域の江南《こうなん》地方に五斗米道を伝えることになった。そしてこの種の信者が江南の土着信仰のあいだに入り込みつつ道教系の信仰を活性化させ、のちに儒教・仏教と鼎立し、三教の一となる道教を生み出していく重要な温床を形成することになる。

その後、五斗米道は多く天師道と呼ばれるようになりつつ、北と南に分かれて別々の展開をとげることになる。北方では北魏《ほくぎ》のときに寇謙之《こうけんし》▲なる人物があらわれた。彼は嵩山《すうざん》▲で天師道系の修行などをしていたら太上老君《たいじょうろうくん》が降臨し、老君は彼を張陵以来空職になっていた天師として指名し、房中術などで堕落した

▼王羲之（三二一?～三七九?）　東晋の書家。北方貴族の名門として知られる琅邪（ろうや）の王氏の出身。書の芸術を完成させた書聖と崇められ、末子の王献之とともに二王と称せられる。一方で道教に関心をもち、次男の凝之（ぎょうし）はとくに熱心な五斗米道信者であったという。

▼寇謙之（三六五?～四四八）　華山や嵩山で修行し、太上老君らの降臨ののち、道教びいきの貴族崔浩（さいこう）の推薦で太武帝に接近した。太武帝は彼より道士の資格をえた。

中岳嵩高霊廟之碑　北魏の太延年間（四三五～四四〇年）あるいは太安二（四五六）年、すなわち寇謙之の在世中もしくは死の直後に立てられた石碑。内容は嵩山中岳廟の改修をはじめ寇謙之の事跡を称える。河南省登封（とうほう）市の中岳廟に現存する。

▼嵩山　洛陽の郊外、現在の河南省登封市にある名山。中国五岳の一つの中岳。

▼太武帝（四〇八～四五二）　北魏の第三代皇帝。華北統一を成しとげるなど政治や軍事面で力を発揮したが、一方で寇謙之の道教に傾倒し、過酷な廃仏をおこなった。

▼陸修静（四〇六～四七七）　南朝宋の道士。若年時に官を棄て各地を行脚し、宋初に廬山（ろざん）にはいり隠棲する。のちに明帝（めいてい）に請われて都の建康へ赴き、帝が彼のために築いた崇虚観（すうきょかん）で道教教理の研究と著述に励んだ。

虎渓三笑図　廬山東林寺の石碑に刻まれたもの。右から慧遠、陸修静、陶淵明。

天師道の改革粛正を命じたという。時の皇帝、太武帝《たいぶてい》▲は彼に心酔し、彼の道教を国教とし、その教理にもとづいて年号を「太平真君」としたり、国家事業として天に届かせようという巨大な塔の建設もおこなわれた。しかし寇はふつうの人とあまり変り映えなくあっけなく死去し、有能な後継者もあらわれず、そのまま世の中はもとにもどった。ただ、天子がここまで道教にいれあげ、国を傾けて信仰したのは前代未聞であり、歴史上特筆すべきできごとであった。一方江南では有力貴族なども多く巻き込んで五斗米道的宗教活動が各地に広まったが、劉宋《りゅうそう》の諸天子から尊崇された陸修静《りくしゅうせい》▲もまた天師道の教法を篤《あつ》く信じた。彼も乱れた天師道のあり方を憂えて綱紀粛正《こうきしゅくせい》を主張したが、ただ彼は天師道のみにとどまらず霊宝斎法《れいほうさいほう》の整理・集成に力をそそいだ。さらに当時流伝していたその他の主要な道教系経典を集めて、それをのちに道教経典を分類するうえでもっとも基礎となる「三洞《さんどう》」によって統括した人物とみなされている。すなわち、バラバラであった道教系宗教経典を統合して仏教や儒教に対峙しうる道教をまとめあげた、少なくともその第一歩を踏み出させた人物なのであった。

魏華存像(茅山九霄万福宮)

▼**許謐**(三〇五～三七六)　東晋朝に仕え、太学博士、護軍長史、散騎常侍などを歴任した。宮仕えの一方で建康郊外の茅山に別宅を築き、宗教的資質に優れた三男の許翽(三四一～三七〇)とともに、神降しでえた神々の教示にもとづく修行生活を送った。

存思図(『上清大洞真経』)

上清経・霊宝経・三皇経の形成

そもそもこの「三洞」とは洞真経《どうしんきょう》・洞玄経《どうげん》・洞神経《どうしん》の三種の経典のことである。それらはもともとは上清経《じょうせい》・霊宝経・三皇経《さんこう》(三皇文)というものであり、それらを伝えた人びとは一般にひとまず上清派・霊宝派・三皇派などと呼ばれている。

上清派の開祖の位置に掲げられるのは魏華存《ぎかそん》という女性で、山東・任城《じんじょう》の人。西晋の司徒・魏舒の娘という。幼いころから老荘や神仙術を好んだが、成人後にしいられてやむをえず結婚する。そののちに北方の戦乱を避けて二人の息子とともに江南へ移り、八十三歳で死去した。生前に天師道の祭酒であったともいわれる。その後いつしか彼女は江南で仙道を修める者の教育にあたる仙女と考えられていたようであり、東晋の都の建康で役人勤めをしていた許謐《きょひつ》▲は息子の許翽《きょかい》とともに霊媒の楊羲《ようぎ》を使い、都の郊外の茅山《ぼうざん》において仙界で紫虚元君《しきょげんくん》・南岳夫人《なんがく》となっているとされる魏華存を中心に神々の降霊をおこない、それによりえられた数多くの神々の教示を筆記して残した。楊羲や許謐は別に魏華存の息子の劉璞《りゅうはく》から経典類をえたともいわれるが、いずれにせよ許謐の集めたこれらの文献が上清経の始まりとなる。これはのちの人びとにあるいは筆写され、あるいは勝手に増補され、またあるいは焼き捨てられるなどしつつ、一定の部分は陸修静のもとへと伝わることとなった。上清経は、精神をとぎすまして体内神を思念する存思《そんし》法▲の修錬などにより、有限で汚濁した人間界を超脱し、このうえなく清らかで美しい天上の神仙界へといたることを説くもので、現世利益的な性格の強い他の道教系経典より高尚な雰囲気をもつこともあり、三洞の経典のうちで最上位に格付けされることになる。なお、陸修静の後輩として斉《せい》〜梁《りょう》に陶弘景《とうこうけい》があらわれるが、後述するように(四〇頁参照)、まがりなりにも三洞を並立させる陸修静とは姿勢を異にし、陶は上清経のみ尊び他経典を軽視する上清経一尊主義の立場をとった。彼の熱心な収集により各地に散在していた上清経はかなり回収され、茅山でそれをもとに神仙道の修行を中心として、本来の上清派宗教の再興に尽力する。陶弘景は「山中宰相」として梁王朝から尊崇され、当時最高レベルの文化人であったといってよく、その宗教的活動もやはり一世を風靡し、道教史上においても重要なエポックとなった。上清経の代表的な経典は『大洞真経《だいどうしんきょう》』▲と『黄庭経《こうていきょう》』▲であり、数多くの体内神の名号、居

▼存思法　道教の瞑想法。五臓や丹田(たんでん)などの体内各所に住む体内神の姿を現実さながらにイメージするのが基本であるが、体外の日月星辰(せいしん)から光や気が体内に流れ込んでくるさまを思念するなど、さまざまな技法がある。この実践によって身体が不死なり、神々に導かれて天上の仙界へ赴くことができるなどとされた。

陶弘景像(茅山九霄万福宮)

▼『大洞真経』　上清経中で最高とされる経典。がんらいの姿はよくわからないが、現存のテキストは体内神と存思法を簡潔にまとめたもの。この経典がえられれば他になにもいらず、ただこれを一万回読みさえすれば仙人になれるとされた。

所、姿などが記されている。

霊宝派の起源は禹《う》が治水にあたって神人より授かったとされる「霊宝五符」という呪符であり、この符を中心とした呪術をおこない、それにより邪鬼を退け個人的な昇仙をとげようというものであった。これを伝える重要な母体の一つが三国呉《さんごくご》の葛玄《かつげん》や西晋の葛洪《かっこう》（抱朴子《ほうぼくし》、三六頁参照）の一族のいわゆる葛氏《かっし》道《どう》▲であった。彼らを中心に『霊宝五符序』などの古い霊宝経典が生み出された。その後、葛洪の従孫（兄弟の孫）の葛巣甫《かっそうほ》はこれをおおいに増幅し、新しいタイプの霊宝経典が大量に作成されたらしい。これらは大きく仏教思想の影響を受け、輪廻転生《りんねてんしょう》の思想のほか、個人の昇仙だけではなくいっさいの衆生《しゅじょう》の救済を説く大乗思想が取り入れられた。また儀礼作法もとくに詳しく整備された。このなかから、のちのちまで道教の最高神とされる元始天尊《げんしてんそん》が登場し、また元始天尊による生きとし生けるものとあらゆる亡魂の救済を説き、やはり後世道教経典の代表とされる『度人経《どじんきょう》』▲が生み出されることになる。この新霊宝経は世間でおおいに流行したが、これに影響されて王霊期なる人は上清経を大量に偽造することにもなった。

▼**『黄庭経』**　上清経の根本経典の一つ。体内世界の解説書であり、各所に住む体内神の名前、姿などを詳しく述べる。簡潔な「外景経」と詳細な「内景経」の二バージョンある。

葛玄像（『有象列仙全伝』）　後世、太極左仙公・太極葛仙翁と尊称され、霊宝経の伝統の起源に位置づけられる。

▼**葛氏道**　左慈（さじ）から葛玄、鄭隠（ていいん）、葛洪と、江南の葛氏を中心に伝えられた系譜。霊宝経のほか、金丹術（太清経）や三皇経の伝承に深くかかわっていたとされる。

李元海兄弟造元始天尊像碑　北周建徳元(五七二)年。メトロポリタン美術館蔵。

▼**『度人経』**　『元始無量度人経』『霊宝無量度人経』などともいう。元始天尊の説法のようすを記すが、形式・内容ともに大乗仏典の影響が大きいとされる。霊宝経のみならず、道教経典の代表として知られる。

三皇経は、天皇・地皇・人皇から伝えられたとすることに名が由来するという。三国の帛和《はくわ》という人が西城山《せいじょうさん》の王方遠《おうほうえん》の導きで、石室の壁の石刻から学んだとされ、また一方で西晋のころに鮑靚《ほうせい》(三九頁参照)が嵩山の石室で発見したとされるバージョンも伝わった。わずか数巻の少部のものであったが相当に重視され、のちに葛洪へと伝えられた。また、陸修静や陶弘景らの著名道士にも入手されるなどしつつ増補整備されて流伝したが、唐の貞観年間に妖妄《ようもう》の書として朝廷に集めて焼却された。北宋まである程度残っていたようだが、今日にはほとんど伝わらない。内容は、悪鬼魍魎《あっきもうりょう》を退けたり鬼神を使役したりすることを説いていたようである。

金丹錬成の法

不老不死の薬をつくりだし、それを飲んで仙人になることは、道教の代表的なイメージとなっているであろうし、道教にとってやはり欠くことのできない要素であろう。前述のようにこの方法は古くは「黄冶《こうや》」、そして「黄白」などと呼ばれたが、魏晋《ぎしん》になると「金丹《きんたん》」あるいは「金液還丹《きんえきかんたん》」などと呼ぶのが一

葛洪と妻の鮑仙姑（**鮑靚の娘**）（羅浮山沖虚観）

杭州抱朴道院　葛洪がここに庵を結んで金丹を錬成したとされる。

般的となる。この種の方法論は三国時代ころまではあまり世間の表にでてくることはなかったが、西晋になるとこれをおおいに説くテキストがあらわれた。それが中国の錬金術書として著名な『抱朴子』である。著者の葛洪は丹陽《たんよう》句容《くよう》（現在の江蘇省句容市）の人で、抱朴子はその号である。彼自身の言葉によれば、この金丹の法は後漢のころに左慈《さじ》が天柱山（安徽《あんき》省の潜山《せんざん》？）中で神人から「金丹仙経」を授かったのに始まるという。その後左慈は漢末の戦乱を避けて江南に逃れ、葛洪の従祖（祖父の兄弟）の葛玄にその経典類を伝授し、さらに葛玄は葛洪の師である鄭隠《ていいん》に伝授し、そして鄭隠は葛洪に伝授したという。これは一派を成しているともみなせるが、ただ葛洪にいわせれば、以前に江南にはこのような経典は存在せず、彼以外の道士はだれも知らないとのことなので、極めて狭い範囲での伝承なのかもしれない。前述のようにこの葛玄や葛洪は霊宝経の流伝にも深くかかわっているが、葛洪は神仙となるための方法としてはこの金丹の法が最高であるとする。具体的には肉体を永遠に腐食しない黄金と同様の性質に変える薬物を、金属や鉱物類の調合によってつくりだす技法と考えてよい。これは手間や費用をかけるほど速効性のある薬ができるとされる。葛洪自身は経典を所持していて方法もわかるのだが、貧しいので実現できていないと嘆いている。

なお、この『抱朴子』に先行する金丹術の書として、後漢あるいは三国呉の魏伯陽《ぎはくよう》の作とされる『周易参同契《しゅうえきさんどうけい》』が知られている。これは易の卦《か》の象を使って丹薬をつくるさいの炉の火加減の変化を示すことをはじめ、漢代に流行した象数易《しょうすうえき》の理論を使って錬丹の方法を説いたものといってよい。また「周易」に「参同契」という三字を加えて題としていることなども、やはり書名を三字とするのが通例であった緯書《いしょ》▲が流行した漢代の雰囲気を伝えているととらえることができるかもしれない。現存するテキストで時代の明確なものは、五代《ごだい》の彭《ほう》暁《ぎょう》『周易参同契分章通真義』がもっとも古く、結局後漢から五代までのいつかに今のかたちを成したということぐらいしか確かなことはわからないが、しかしテキストの部分的引用や他の経典にたいする内容的影響は唐以前にもかなりみられる。時代がくだるにつれてその影響はむしろ『抱朴子』より大きくなるといってよい。『抱朴子』の「遐覧篇《からんへん》」に名がみえる『魏伯陽内経』がそれだともいわれるが、この書の成立時期についてはさまざまな説がある。

『周易参同契』明鏡図　金丹術の理論を図示したもの。

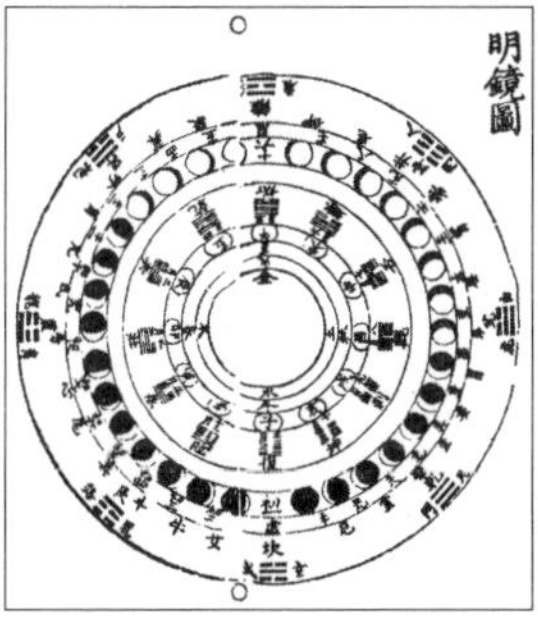

▼緯書　漢代に経書の形式を模してつくられ、禍福吉凶や災異の予言などの神秘的な説を述べた書物。『易経』にちなんだ『乾鑿度(けんさくど)』、『孝経』にちなんだ『援神契(えんしんけい)』など、三字題が多い。後漢以降は王朝の成立にも大きな影響を与えた。

ところで、ここまでにあげた魏晋南北朝の宗教的諸道派とでもいうべき人びとは、それぞれがまったく別々のことをおこなっていたわけではなく、実践する神仙術はかなり共通していた。ただ、思想や立場により神仙術の方法論上の優位が違っていた。例えば、葛洪は金丹を最上とし、体内神の守一《しゅいつ》▲(存思)、草木の薬、行気《こうき》▲、導引、房中などは補助的なものとしたのであるが、一方上清派では、『大洞真経』の読誦とそこに説かれる存思法が最上、金丹はそのつぎ、房中・行気・導引はそのつぎ、そして草木の薬はそのつぎというように位置づけている。それから、天地は劫《ごう》というサイクルで開闢《かいびゃく》〜崩壊を繰り返し、現在の劫は終末まであとわずかであって天地はもうすぐ(甲申《こうしん》の年に)崩壊するので、それを生き延びるために修行などを積んで「種民《しゅみん》」▲にならなければならないという危機意識も共有していたようである。

さらにいえば、これらの人びとはまったく別々のコミュニティーのなかで活動していたわけではなく、相当に近い関係にあった。とくにこの葛洪や葛玄の葛氏と許謐らの許氏は、どちらも丹陽句容の土着豪族であり、長い姻戚関係の歴史をもっていた。許謐の叔父である許朝《きょちょう》の妻は葛洪の姉であり、許翽の息子

▼守一　体内にある上・中・下の三カ所の丹田にいるとされる「一」と呼ばれる体内神を思念する方法。存思法のバリエーション。

▼行気　体内に気をめぐらす方法。

▼種民　善行の功徳や神仙道の修行により、現在の劫の終末に訪れる天地崩壊(甲申の年とされる)ののちも生き延び、やがてくる金闕(けつ)後世帝君の統治する太平の世(壬辰〈じんしん〉の年に始まるとされる)に民となって生きることができるとされた人びと。種人、種臣などとも呼ばれた。

の許黄民《きょこうみん》の妻は、葛洪の第二兄の孫にあたる葛万安《かつまんあん》の娘である。さらに陶弘景の家系もこれらと無関係ではなく、許謐の妻の陶科斗《とうかと》は陶弘景と同じく丹陽秣《まつ》陵《りょう》の陶氏に属する。姻戚関係だけではなく、師弟関係にも目をやれば、葛洪の師事した人物に鄭隠ともうひとり鮑靚がいるが、許謐の兄であり、『晋書《しんじょ》』王羲之伝に附伝されている当時著名な神仙家であった許邁《きょまい》▲も同じく鮑靚の弟子とされる。つまり、葛洪と許邁は兄弟弟子であった。このような人びとのあいだでやはりある程度共通の精神的傾向や専門知識が流通し合い、そこから一応の完成期をむかえる道教文化の中心となる部分が熟成されていくのであった。

▼**許邁**（三〇〇～?）　東晋の神仙家。王羲之も彼のファンであり、山中奥深くまで会いにいったり、ともに金丹術をおさめたりしたとされ、それゆえ『晋書』の王羲之伝に附伝されている。許謐のすぐ上の兄であり、弟たちにも少なからぬ影響を与えたらしい。

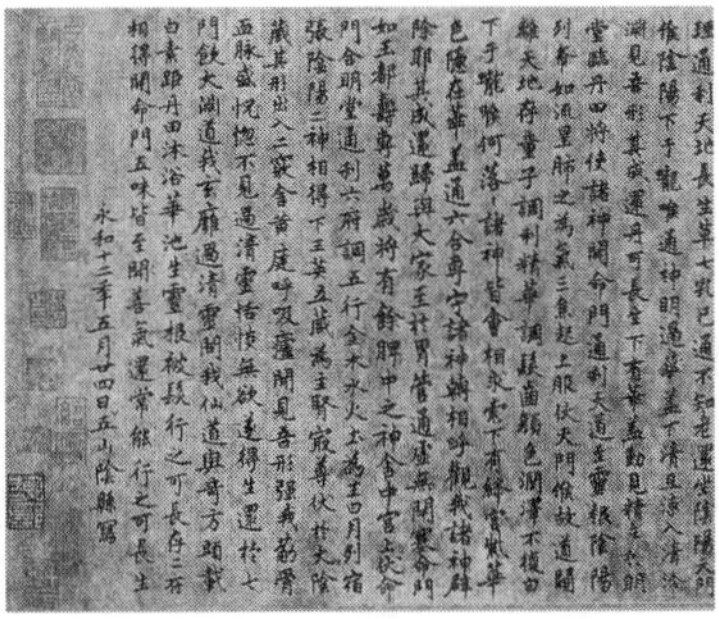

王羲之『黄庭経』　唐の人の模写であるが、王羲之の筆法を伝えている。

簡寂館(観)跡　廬山の南麓にある陸修静が隠棲した道観の跡。

③—道教教理の大成

教理の統合

あらためて陸修静《りくしゅうせい》と三洞《さんどう》について整理しておこう。彼は劉宋《りゅうそう》の明帝《めいてい》より尊崇され、都の建康《けんこう》(現在の南京《ナンキン》)の近郊に崇虚館《すうきょかん》を建てて住まわされた。そこで彼は王朝の権力に依りつつ道教経典を収集し、かつ自らも多くの著作物をまとめた。さらに彼は廬山《ろざん》東林寺における仏教徒の一切《いっさい》経目作成に影響され、崇虚館の蔵書にもとづいた道教経典の目録を作成した。これが『三洞経書目録』であるが、その名が示すようにこれは「三洞」という経典分類にもとづいた道典の一切経目録である。前述のように三洞とは、洞真《どうしん》経＝上清《じょうせい》経、洞玄《どうげん》経＝霊宝《れいほう》経、洞神《どうしん》経＝三皇《さんこう》文のことである(三二頁参照)。これ以前に三洞説にもとづく道教経典の整理統合がおこなわれたようなことは今日残るさまざまな資料には確認できないので、これは陸修静が創案したのではないかと考えられている。いずれにせよ、このころから江南《こうなん》の道教諸派の経典がまとめてあつかわれるようになる。ただし、これも前述のように陸修静のあとでも例えば陶弘景《とうこうけい》のようにもっぱら上清経とその教理のみを追求する大物道士もでるなど、そのまま全面的に融合化が進んだわけではない。

なお道教経典の分類法は、「三洞」に加え、劉宋末ころに活躍した道士孟智周《もうちしゅう》のころには「四輔《しほ》」が設けられていたようである。「四輔」とは「三洞」を輔《たす》けるものとされた太玄《たいげん》部、太平《たいへい》部、太清《たいせい》部、正一《しょういつ》部の四部の経典であり、太玄部は『老子《ろうし》』およびそれと関係の深い経典、太平部は『太平経』の残巻、太清部は金丹《きんたん》術関係の文献、そして正一部は五斗米道《ごとべいどう》・天師道関係の経典によって構成される。あらためて簡潔に示せばつぎのような関係である。

三洞　洞真部＝上清経
　　　洞玄部＝霊宝経
　　　洞神部＝三皇経
四輔　太玄部＝老子関係の経典
　　　太平部＝太平経
　　　太清部＝金丹術関係の経典
　　　正一部＝天師道関係の経典

▼廃仏　国家によるいっさいの仏教活動の禁止。寺は破壊、僧は還俗させられ、徹底的な弾圧をともなう。北魏の太武帝、北周の武帝、唐の武宗、後周の世宗(せいそう)による「三武一宗の法難」が有名。

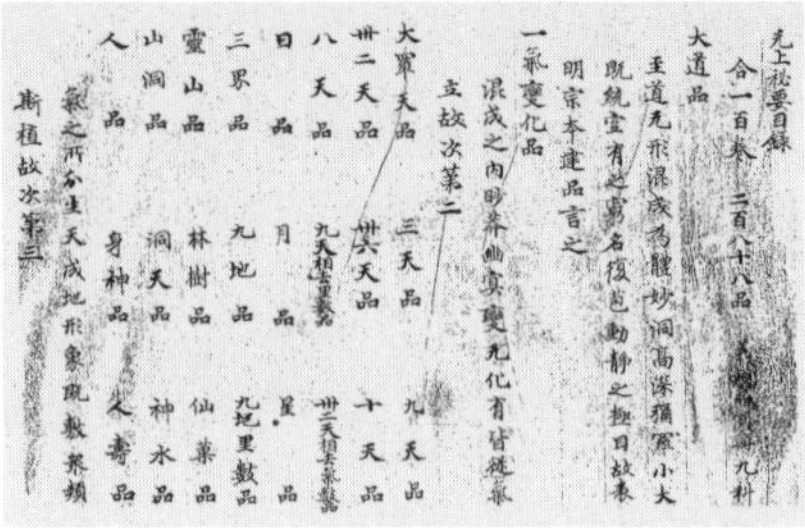
無上秘要目録
大道品
一氣變化品
大羅天品　三天品　九天品
卅二天品　卅六天品　十天品
八天品
日品　月品　星品
三界品　九地品　九地里數品
靈山品　林樹品　仙藥品
山洞品　洞天品　神水品
人品　身神品　人壽品

敦煌(とんこう)**本『無上秘要』目録**　現存の道蔵(どうぞう)に収録する『無上秘要』目録では「闕」として不明とされている部分もすべて残っている。北周の原本に極めて近いかたちであろう。

これにより、魏晋《ぎしん》南北朝期までに出現した道教系の文献の主要なものをほぼカバーする分類法が調えられた。この三洞四輔は、その後も道教経典の分類法の基本として後々まで継承されることになる。

北魏《ほくぎ》の寇謙之《こうけんし》の唱えたものは「道教」という表現で呼ばれたようであるが、内容の基本線は天師道をおおむね継承するものであった。そのあとの一世紀くらいのあいだ、諸経典の集成統合化とともに、道教は仏教・儒教と「三教」として並列されるようになり、北朝では三教間の抗争が盛んとなる。これらはしばしば権力者の面前でおこなわれ、その勝敗は各教の存亡から当事者の生死にかかわる極めて重いものであった。実際、いわゆる廃仏▲の多くはこれに起因するとも言える。したがって道教も三教の一として十分な規模と内容を主張できる差し迫った必要があった。そこで、とりわけ道教と仏教の関係に政治的緊張がつきまとう北朝において、南朝由来の三洞説をもとに教理をますます充実させ、三洞それぞれが十二部から成るとして、あわせて三十六部尊経と呼ばれる経典群が形成された。そして北周のときに、武帝《ぶてい》の主導のもとに道教教理を集成した『無上秘要《むじょうひよう》』一百巻が編纂された。その後も隋《ずい》代に『玄門《げんもん》大義』二〇巻、唐代にはそれにもとづいた孟安排《もうあんばい》『道教《どうきょう》義枢《ぎすう》』一〇巻、王懸河《おうけんか》『三洞珠嚢《しゅのう》』一〇巻といった総合的教理書が編纂され、三教の一つの道教としてその教理の全体像が明示されるようになった。

なお、道教・仏教の優劣にかんする大なり小なりの論争は、仏教が伝来してまもない後漢《ごかん》末三国《さんごく》初ころから起こっていたが、そもそもこれらはその後の道教の教理内容の発展にも欠かせぬ要因となった。例えば老子は歴史上何度もかたちを変えて出現したとし、その過程で西域に釈迦《しゃか》としてあらわれて仏法を説いたなどと述べる『老子化胡経《けこきょう》』▲を生み出しながら、老子を釈迦より時代的に遡らせ、かつ仏教教理全体を道教の内に組み込むことが試みられた。また仏教の三界二十八(七)天を凌ぐスケールの世界観を考えて三界三十六天説を生み出すなど、仏教にたいする優越を意識した教理の工夫と拡充の努力がかさねられた。

道教を外部から道教として客観的に認識し、その概略を記述する文章もぼちぼちあらわれだす。早いものとしては寇謙之がでて一世を風靡《ふうび》した北魏時代の歴史書である『魏書《ぎしょ》』の「釈老志《しゃくろうし》」があるが、それを参考にしつつものちの六《りく》

▼**『老子化胡経』**　西晋の王浮(おうふ)の作という道教経典。老子が西域で釈迦に姿を変えるなどしながら仏法を説き教化をおこなったという内容とされるが、完存しない。仏教側から激しく非難され、仏教が優勢な時期にはしばしば国家により焼却処分にされた。

『老子八十一化図』第四十三化「舍衛国」　十三世紀前半に全真(ぜんしん)教によりつくられたとみられる道教経典。『老子化胡経』同様に老子が西域で仏に化して仏教を広めたと説く。

朝《ちょう》末から隋までの教理的展開も踏まえてできたものに、『隋書』経籍志《けいせきし》の「道経」の解説がある。ここには諸経典、諸派の思想が整理統合されてまもない当時の道教教理の内容がなかなか上手に要約してある。簡略に示せばつぎのようなことが書いてある。

まず第一に元始天尊《げんしてんそん》という神が常存不滅の存在としてあるが、それにたいして天地は四一億万年ごとに開闢《かいびゃく》しては消滅を繰り返す。この一サイクルを劫《ごう》という。元始天尊はそれぞれの天地が開けるときに秘道をもって教えを授け、教えを受けた者は長年これを修行することにより長生不死がえられ、道と合一できるとする。この秘道は天尊から高位の神仙へ、その後順次下位の神仙へと伝え、そののちに人間へと伝えられる。師から弟子へは一定の年月をかけて伝授されていくが、これにはランク付けがある。入門したばかりの最初期の弟子は「五千文籙《ろく》」(『老子』に関係する籙)を授かって修行を開始し、ついで「三洞(皇?)籙」(『三皇経』に関係)、ついで「洞玄籙」(『霊宝経』に関係)、ついで「上清籙」(『上清経』に関係)を授かる。「籙」は白絹に神々の名や符が記されたもので、それを用いることで呪術を行使できるとされる。この籙の授受は大規模な祭壇を築き昼夜徹しておこなう潔斎《けっさい》の儀式によりおこなわれる。潔斎には黄籙斎《こうろくさい》、玉籙斎《ぎょくろくさい》、金籙斎《きんろくさい》、塗炭斎《とたんさい》などの種類がある。また、祭壇を築いて供物を捧げ、天皇・太一《たいいつ》（北極星）・五惑星や諸々の星宿《せいしゅく》を祀り、上奏文を奉って災厄祓いなどを祈願する「醮《しょう》」の儀式がある。このほかにも服餌《ふくじ》（仙薬の服用）、辟穀《へきこく》、金丹、玉漿《ぎょくしょう》（唾液を飲み込む法?）、雲英《うんえい》（雲母《うんも》の服用）などの神仙術がある。歴史認識としては、道教側自身は上古の黄帝《こうてい》や禹《う》なども籙をえたと説くが史実ではなかろうこと、『黄帝四篇』や『老子』などの漢までの道家三十七家も天官や符《ふ》籙《ろく》についていわず、六朝〜隋当時の道経とは関係が薄いことを述べたうえで、かつて皇帝を心酔させた梁《りょう》の陶弘景と北魏の寇謙之の事跡をあげ、最後に経典の講義は『老子』を根本とし、そのつぎに『荘子』『霊宝経』『昇玄経《しょうげんきょう》』などがあるとしている。

隋から唐へ

隋の道教は基本的には北周のあり方を受け継いだようである。文帝（楊堅《ようけん》、在位五八一〜六〇四）が隋を建国し、最初に用いた年号が「開皇」であるが、こ

唐高祖・李淵像(『歴代古人像賛』)
唐王朝の初代皇帝(在位六一八～六二五)。

れは道教の説く劫の年号名からとったものである。そしてこの開皇暦の編纂者は、北周の武帝を廃仏へと扇動した道士の張賓《ちょうひん》であったとされる。とはいえ、隋王朝は基本的には仏教重視であり、概して道教には冷淡であった。

　これにたいし、周知のとおりそのつぎの唐《とう》は帝室が道教と結びついた史上まれにみる崇道《すうどう》王朝であった。高祖李淵《りえん》は隋末の混乱のなか、山西《さんせい》で兵をあげたが、一時敵軍に囲まれ苦境に陥る。そのときに白衣の老人があらわれて助言を与え、李淵および次男の李世民《りせいみん》らはそれに従うことで難局を乗り越え敵兵を撃破し、ついに軍を進めて長安へはいることができたという。その後、白衣の老人は天子となった高祖にもしばしばあらわれて天下安定の助言をし、ついには自分は姓は李で、老君と号する者であり、高祖の祖先であると告げたなどと伝えられる。この一件には、南朝陳《ちん》から隋そして唐と渡り歩いた高名な道士の王《おう》遠知《えんち》が関与し、最終的に白衣の老人と老子が結びついたのは彼の演出によるとの説がある。あるいは山西地方に浸透していた老子信仰や道士の活動が影響したともいわれるが、おそらくは大同小異の不可思議なできごとがあったのであろう。その結果、高祖の唐王朝創立時から、李姓の老子は唐王朝の祖先とされ、

唐玄宗像（『歴代古人像賛』）　唐の第六代皇帝（在位七一二～七五六）。唐代の最盛期とも称される開元の治を実現したが、晩年は楊貴妃への溺愛から安史の乱をまねき、国政はおおいに混乱した。

玄宗御書石刻（青城山常道観）

太宗《たいそう》李世民は詔勅《しょうちょく》をもって「朕《ちん》の本系は柱史《ちゅうし》（老子）に出づ」と宣言した。唐王朝のほうも、血統を重視する貴族社会の中世中国にあって、異民族の血を引くといわれる家系をかくすのに好都合であった。その後、唐朝では太宗以降ほぼ一貫して道先仏後の優遇政策がとられた。高宗《こうそう》のときには老子に玄元《げんげん》皇帝の尊号を与え、また科挙《かきょ》の科目に『老子』を加えた。さらに玄宗《げんそう》のときはとりわけはなはだしく、『老子』に加え、『荘子』『列子《れっし》』『文子《ぶんし》』までもが出題される「道挙」の制度が設けられて道士は官僚化した。また一家に一部『老子道徳経』を所蔵させ、全国の主要都市に老子と帝室を祀る道観の玄元皇帝廟を建立するなど、道教が王朝との歴史上他に類をみないような密接な関係をもつこととなった。

隋唐期にはいっても道教は仏教と引き続き論争をくりひろげた。道教の経典は不老長生法や呪術法の解説、あるいは神仙やその住む世界の紹介などの内容が多く、それほど思弁的哲学的なものではなかった。これにたいし、仏教の経典にはもともと思弁的な性格のものが少なくなく、さらにかならずしも内容上整合しない多様な経典が西域から伝来し、それらをうまく解釈して系統的、統一的な理解をもたなくてはならなかったので、中国の仏僧は思考をねりにねって対応しなければならなかった。そのような結果、中国仏教は精密な教相判釈《きょうそうはんじゃく》▲を生み出すなどしつつ、詳細な分析的思弁的教学を形成した。このような仏教にたいして道教は、やはりときには皇帝も立ち会う公開の場においてその深遠さを披露しつつ討論しなければならず、ありのままでは不十分とみて、仏教の思想も吸収しつつ理論の深化に精を出した。

例えば、唐代にあらわれた代表的道教経典であり、また「道性《どうしょう》」▲をおおいに語る経典としても知られる『太上一乗海空智蔵経《たいじょういちじょうかいくうちぞうきょう》』(『海空経』)は、「一切の衆生《しゅじょう》には、悉《ことごと》く道性有り」と述べることからも明らかなように、ほとんど「仏性《ぶっしょう》」▲説の代表的仏典『涅槃《ねはん》経』▲を下敷きにして形成されている。ほかにも『太玄真《たいげんしん》一本際経《いっぽんざいきょう》』や『大乗妙林経《だいじょうみょうりんきょう》』などで「道性」説が展開されるなど、「仏性」説が隋唐時代成立の道典に与えた影響は大きい。また、仏教のいわゆる有無中道《うむちゅうどう》▲の思想の論理パターンに影響を受け、それを『老子』第一章の言葉「玄の又《ま》た玄」にもとづいて表現し思考した「重玄《ちょうげん》」思想も隋唐期に流行した。ほかにも例えば司馬承禎《しばしょうてい》▲の『坐忘論《ざぼうろん》』は、天台智顗《てんだいちぎ》の説く禅定《ぜんじょう》論「止観《しかん》」▲の影響が大きく、いわば止観を道教経典の語(「坐忘」は『荘子』にでる言葉)を使いつつ道教

▼教相判釈　インドから無秩序に伝来する大乗小乗さまざまな仏教経典にたいし、中国人が各自の解釈により、釈迦生涯の教説の展開に配当するなどして、各経典とその内容に価値的な序列をつけたもの。

▼道性　道教のいう「道」を具えた本性。「道」と同じ本性。

▼仏性　仏とまったく同じ本性。これを有することは、すなわち仏に成る可能性を有することになる。

▼『涅槃経』　「一切の衆生には、悉く仏性有り」と述べ、あらゆる人(動物類も含む)に仏性があり、ゆえに成仏可能であると説く経典。中国の仏教思想はみなこの経典を根拠として万人が成仏可能であるとする。

▼有無中道　万物の実在性すなわち「有」を否定して「無」(もしくは「空」)を説くが、しかしそのために「無」(「空」)にとらわれてしまってもいけないとし、「有」「無」の二辺を離れた「中(道)」に真実があるという考え。

に引き寄せた道教的禅定論である。ただし、これらはかならずしも全面的な仏教思想の模倣ではなく、老子や荘子《そうし》あるいは気の思想などの道教思想の伝統を継承する道教独自の性格も多かれ少なかれたしかに有していた。このほかにも呉筠《ごいん》など思弁的な著述を成した道士たちがあらわれて、直接的間接的に仏教の影響を受けつつ深みのある道教思想を形成し、後世に盛行する内丹《ないたん》説などに重要な基礎を提供することにもなる。

なおこの時代の道教について一言ふれておかなければならないのは、金丹術の盛行である。前述のように、葛洪《かっこう》は金丹をおおいに語ったが、自らは資金不足で思うように錬丹を実践できなかったようである。しかし道教を信じた唐の皇帝たちはさすがに財力十分であっただろう。歴代の皇帝の多くは錬丹に手を出し、この種のことを説く道士たちをさかんに宮廷にまねいて金丹をつくらせたようである。その結果、唐末の衰退期であるが穆宗《ぼくそう》、武宗《ぶそう》、宣宗《せんそう》が中毒死している。またかの太宗もじつは金丹の類で死んだようである。皇帝だけではなく、文人たちもこぞって関心を寄せた。李白《りはく》などはいかにもだが、王維《おうい》、岑参《しんじん》、元稹《げんしん》、白居易《はくきょい》らも錬丹にやぶさかではなかった。また詩人でもあるが、なによ

▼司馬承禎（六四七〜七三五）　唐代道教の最盛期をもたらした玄宗よりもっとも尊ばれた道士の一人であり、玄宗の崇道政策も彼の建言に発したものが多い。著作物も実践的なものから思索的なものまで幅広い。

▼止観　邪念や分別心をやめ、正しい智慧により一切を観照する方法。智顗により禅定をもとにした修行論として理論化・体系化された。『摩訶止観』『天台小止観』がその成果。

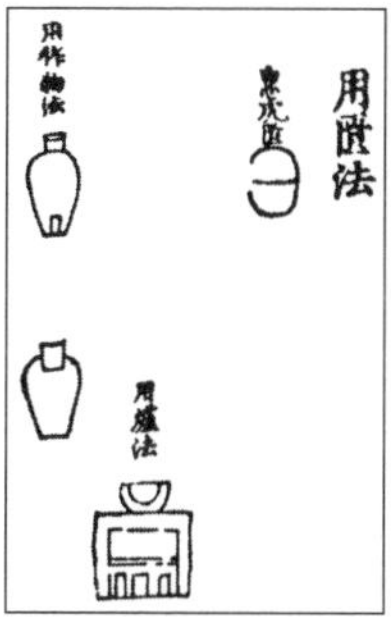

煉丹炉の図（『太極真人雑丹薬方』）

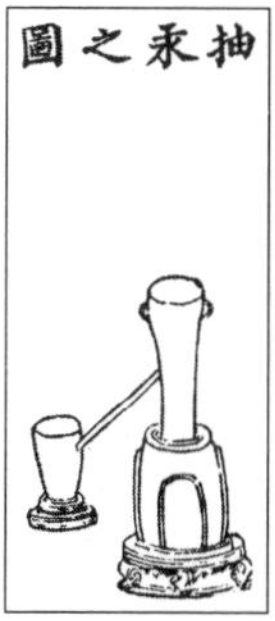

煉丹炉の図（『丹房須知』）

▼**韓愈**（七六八～八二四）　唐の文章家・詩人・思想家。『原道』『原性』などの著作で儒教思想の原理を追求しつつ、堯舜からの儒教の道統を説いた。一方で仏教や道教を異端として激しく批判した。

り仏教道教の隆盛を憂えて儒教復興運動のリーダーとして熱く立ち上がった儒者の鑑たる韓愈《かんゆ》▲も、じつは硫黄を服用し体を悪くしてそのまま死んだようである。これも金丹服用とほとんど同列であろう。むろん、金丹術にかんする著作もこのころ多くあらわれた。しかしやはり確かな成果はあがらず、逆に失敗を繰り返して死亡事例（これも解釈によるのだが）をかさねるのみだったようなので、結局信頼性はゆらぎ、その後の内丹説の盛行も手伝い、唐以降はしだいに下火になった。

『雲笈七籤』と道教教理

北宋《ほくそう》の張君房《ちょうくんぼう》は、真宗《しんそう》より道教の一切経『大宋天宮宝蔵《だいそうてんきゅうほうぞう》』の編纂を命じられたが、同時にそのダイジェスト版をつくった。これが『雲笈七籤《うんきゅうしちせん》』一二〇巻（現存するのは一二二巻）である。この書物は唐代までにできあがった道教教理をかなり要領よくまとめたものである。基本部分は『無上秘要《むじょうひよう》』などの以前の類書にも集められているが、それらはまだ雑然として整理されていない部分も多いのにたいし、この『雲笈七籤』では教理の統合にかなり意を用いているこ

三清等対応表

三元	混洞太無元	赤混太無元	冥寂玄通元
三宝（三君）	天宝君	霊宝君	神宝君
三清	玉清	上清	太清
三天	清微天	禹余天	大赤天
三気	始気（青）	元気（黄）	玄気（白）
三洞	洞真	洞玄	洞神
三乗	大乗	中乗	小乗

とがうかがえる。ここではこの『雲笈七籤』に拠りながら、いちおうの完成をみた道教の教理を概説しておきたい。

まず世界は気の混沌《こんとん》未分《みぶん》の状態からしだいに展開分化してできあがる。その展開の描写はかならずしも一様ではないが、この『雲笈七籤』の冒頭では、混元→空洞→混沌……という展開が順に記されていて、そのあとに元気・玄気・始気の三気に分かれるとする。さらにそれが九気へと分かれつつ、日月星宿、陰陽《いんよう》五行《ごぎょう》、天地万物へと分化生成して世界が形成されるとする。そしてこのようなプロセスは道教それ自体の誕生展開とも平行する。道教は、無先《むせん》→妙一《みょういつ》から三元へと展開分化する。その三元から天宝君・霊宝君・神宝君の三尊が誕生し、それぞれ玉清境《ぎょくせいきょう》（清微天《せいびてん》）・上清境《じょうせいきょう》（禹余天《うよてん》）・太清境《たいせいきょう》（大赤天《だいせきてん》）という三清（三天）と呼ばれる世界の主人となる。さらに天宝君は洞真経の十二部経を説く洞真教主、霊宝君は洞玄経の十二部経を説く洞玄教主、神宝君は洞神経の十二部経を説く洞神教主となり、これらから三洞三十六部尊経の道教経典が生まれる。また洞真・洞玄・洞神の三洞にはそれぞれ太玄・太平・太清三部の経典が補助となり、さらに正一経がすべてをつうじて補助となる。これら補助の四部を四

唐代の三清（三宝）像　天宝君・霊宝君・神宝君の三尊。四川省仁寿県壇神岩「三宝龕」全景。唐天宝八（七四九）年造。

輔とし、三洞とあわせて七部玄経ともいう。この四輔も三洞×十二部の三十六部にそって分類整理され、最終的に三洞四輔三十六部尊経となる。

これらの経典は、洞真経＝上清経は魏華存《ぎかそん》、楊羲《ようぎ》、許謐《きょひつ》らをへて地上に流伝するほか、洞玄経＝霊宝経は元始天尊から帝嚳《ていこく》や禹、孔子《こうし》らをへて葛玄《かつげん》、葛洪、葛巣甫《かっそうほ》らにより伝わり、洞神経＝三皇経は天皇・地皇・人皇から鮑靚《ほうせい》、葛洪らへと伝わったと人間世界への流伝経路を記す。

つぎに天地の構造についてであるが、まず天界は重層構造の三十六天から成るとされる。下からみてみると、最下層には欲界《よくかい》の六天、その上に色界《しきかい》の十八天、その上に無色界《むしきかい》の四天があり、これらを三界《さんがい》二十八天とする。ここでは人の寿命は長く生活も楽しいが、生死はまぬがれられない。この三界の上に種民《しゅみん》天《てん》、別名四梵天《しぼんてん》があり、ここではもはや生死はなく三災もおよばない。そしてその上に三清天、すなわち玉清・上清・太清の三清境がある。ここは三清の三尊がそれぞれの中心であるが、仙界の王・侯・卿《けい》・大夫《たいふ》など多くの仙官もいる。そしてさらに上の最上部に大羅天《だいらてん》があり、もっとも一般的には元始天尊がいるとされる。これらをあわせて三十六天であり、三尊によって統括されている。

▼呵羅提国（日生国）……旬他羅国（天鏡之国）　六朝（りくちょう）朝上清派の文献と思われる『上清外国放品青童内文』にみえる外国。道教独特の地上世界観を示す。

▼十洲三島　漢の東方朔（とうほうさく）撰とされるが、魏晋以降の作と思われる『（海内）十洲記』にまとまった解説がみえる。なおそちらの説にもとづけば、崑崙山は中央ではなく西海～北海にあることになる。

一方地上の世界であるが、大局的にみてまず高さ三万六千里の崑崙《こんろん》山を中心にもつ中国と、東・南・西・北四方の海上数万～数十万里先にそれぞれ呵羅提《からてい》国（日生《にっせい》国）・伊沙陁《いさだ》国（火庭天竺《かていてんじく》国）・尼維羅緑那《じいらりょくな》国（雲胡月支《うんこげっし》国）・旬他羅《しゅんたら》国（天鏡之国）▲があるとする。そしてさらに東海には祖洲《そしゅう》・瀛洲《えいしゅう》・生洲《せいしゅう》・方丈《ほうじょう》・扶桑《ふそう》・蓬萊《ほうらい》、南海には炎洲《えんしゅう》・長洲《ちょうしゅう》、西海には流洲《りゅうしゅう》・鳳麟洲《ほうりんしゅう》・聚窟洲《じゅうくつしゅう》・崑崙、北海には玄洲《げんしゅう》・元洲《げんしゅう》などのいわゆる十洲三島▲があり、それぞれに仙草霊薬が生え長命の神仙たちが多く住むという。

中国内部についてみると、各地の名山の下には巨大な洞窟の地下世界があり、内部には日月星辰《にちげつせいしん》が輝くなど地上とほとんど同じようすをしていて、やはり神仙たちが住しているという。これを洞天《どうてん》といい、大きなものは洛陽《らくよう》の王屋山《おうおくさん》洞、台州の委羽山《いうさん》洞、所在不明（知識としては伝承されている）の西城山《せいじょうさん》洞、同じく所在不明の西玄山《せいげんさん》洞、蜀州《しょくしゅう》の青城山《せいじょうざん》洞、台州の赤城山《せきじょうさん》洞、循州《じゅんしゅう》の羅浮山《らふさん》洞、潤州《じゅんしゅう》の句曲山《こうきょくさん》洞、洞庭湖《どうていこ》（太湖《たいこ》）の林屋山《りんおくさん》洞、処州《しょしゅう》の括蒼山《かっそうさん》洞の十大洞天があり、他に福州《ふくしゅう》の霍桐山《かくとうさん》洞や東岳太山《とうがくたいざん》（泰山《たいざん》）洞などの中国五岳《ごがく》を含めた三十六小洞天がある。さらに真人《しんじん》がおさめる神聖な場として七十二福地がある。

●三十六天図

36	大羅天		
35	清微天（玉清境）	三清天（三清境）	
34	禹余天（上清境）		
33	大赤天（太清境）		
32	賈奕天	種民天（四梵天）	
31	梵度天		
30	玉隆天		
29	常融天		
28	秀楽禁上天	無色界（四天）	三界
27	翰寵妙成天		
26	淵通元洞天		
25	皓庭霄度天		
24	無極曇誓天	色界（十八天）	
23	上揲阮楽天		
22	無思江由天		
21	太黄翁重天		
20	始黄孝芒天		
19	顕定極風天		
18	太安皇崖天		
17	元載孔昇天		
16	太煥極瑤天		
15	玄明恭慶天		
14	観明端静天		
13	虚明堂曜天		
12	竺落皇笳天		
11	曜明宗飄天		
10	玄明恭華天		
9	赤明和陽天		
8	太極濛翳天		
7	虚無越衡天		
6	七曜摩夷天	欲界（六天）	
5	元明文挙天		
4	玄胎平育天		
3	清明何童天		
2	太明玉完天		
1	太皇黄曽天		

●地上五方十洲三島図（示意図）

『雲笈七籤』巻二二「総説天地五方」を基礎とし、同巻二六「十洲三島」『十洲記』『五岳真形序論』『上清外国放品青童内文』を加えつつ若干補足修正したもの。なお各土地の大きさや遠近関係は文献により一定していないので、あくまで示意図（概念図）とする。

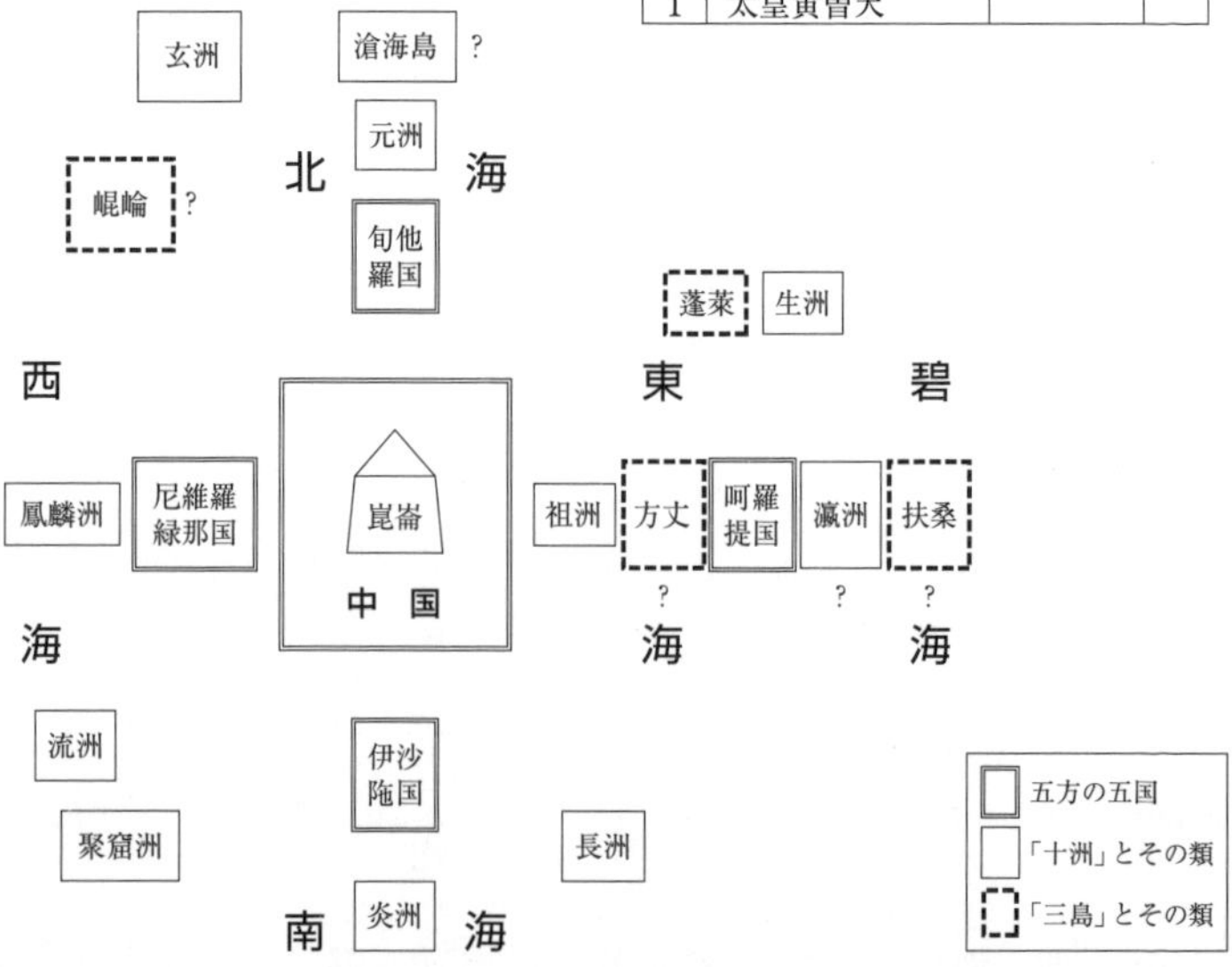

中国洞天分布図

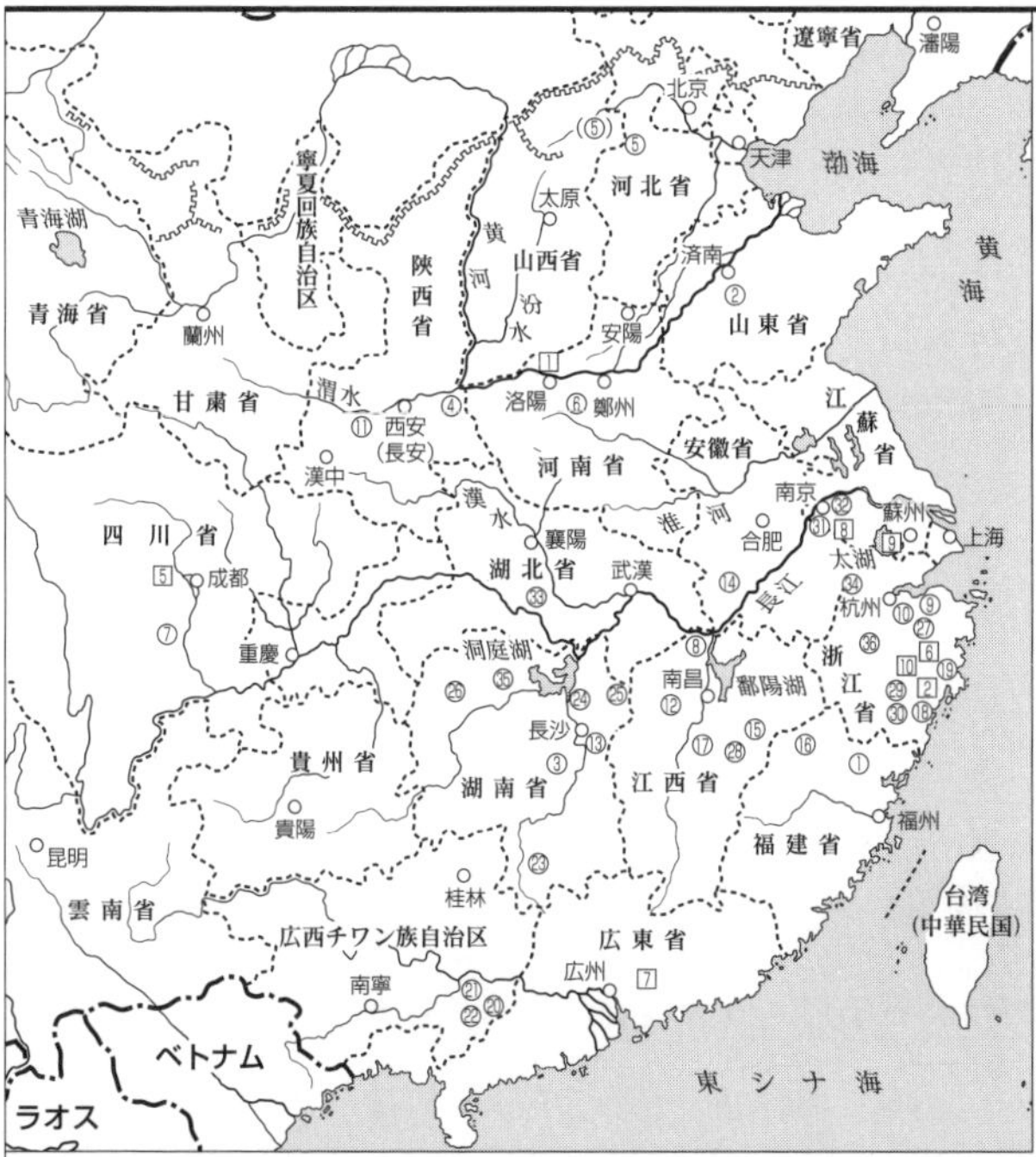

洞天一覧

『雲笈七籤』巻二七　司馬承禎「天地宮府図」記載の所在地(現在の所在地)

[十大洞天]

1	王屋山	洛陽河陽之界(河南省済源市)
2	委羽山	台州黄巌県(浙江省台州市)
3	西城山	未詳在所(不明)
4	西玄山	莫知其所在(不明)
5	青城山	蜀州青城県(四川省都江堰市)
6	赤城山	台州唐興県(浙江省天台県)
7	羅浮山	循州博羅県(広東省博羅県)
8	句曲山	潤州句容県(江蘇省句容市)
9	林屋山	洞庭湖口(江蘇省蘇州市)
10	括蒼山	処州楽安県(浙江省仙居県)

[三十六小洞天]

①	霍桐山	福州長渓県(福建省寧徳市)
②	東岳太山(泰山)	兗州乾封県(山東省泰安市)
③	南岳衡山	衡州衡山県(湖南省衡山県)
④	西岳華山	華州華陰県(陝西省華陰市)
⑤	北岳常山(恒山)	恒州常山県(河北省唐県)
⑥	中岳嵩山	東都登封県(河南省登封市)
⑦	峨嵋山	嘉州峨嵋県(四川省峨眉山市)
⑧	廬山	江州徳安県(江西省九江市)
⑨	四明山	越州上虞県(浙江省嵊州市)
⑩	会稽山	越州山陰県(浙江省紹興市)
⑪	太白山	京兆府長安県(陝西省眉県)
⑫	西山	洪州南昌県(江西省新建県)
⑬	小潙山	潭州醴陵県(湖南省醴陵市)
⑭	潜山	舒州懐寧県(安徽省潜山県)
⑮	鬼谷山	信州貴渓県(江西省貴渓市)
⑯	武夷山	建州建陽県(福建省武夷山市)
⑰	玉笥山	吉州永新県(江西省峡江県)
⑱	華蓋山	温州永嘉県(浙江省温州市)
⑲	蓋竹山	台州黄巌県(浙江省台州市)
⑳	都嶠山	容州普寧県(広西自治区容県)
㉑	白石山	鬱林州南海之南(広西自治区桂平市)
㉒	岣嶁山	容州北流県(広西自治区北流市)
㉓	九疑山	道州延唐県(湖南省寧遠県)
㉔	洞陽山	潭州長沙県(湖南省望城県)
㉕	幕阜山	鄂州唐年県(湖南省平江県)
㉖	大酉山	辰州七十里(湖南省辰渓県)
㉗	金庭山	越州剡県(浙江省嵊州市)
㉘	麻姑山	撫州南城県(江西省南城県)
㉙	仙都山	処州縉雲県(浙江省縉雲県)
㉚	青田山	処州青田県(浙江省青田県)
㉛	鍾山	潤州上元県(江蘇省南京市)
㉜	良常山	潤州句容県(江蘇省句容市)
㉝	紫蓋山	荊州常陽県(湖北省当陽市)
㉞	天目山	杭州余杭県(浙江省臨安市)
㉟	桃源山	玄州武陵県(湖南省桃源県)
㊱	金華山	婺州金華県(浙江省金華市)

『雲笈七籤』でもっとも多く紙幅を費やしているのは、神仙へといたるための修道法についてであり、古来説かれてきたさまざまな技法を集めて紹介している。主要なものは、導引法、存思《そんし》法、守一《しゅいつ》法、服気《ふっき》法(五方にある五行の気などの気をイメージにより体内に導き入れる方法)、胎息《たいそく》法(外気の呼吸を極力減らし、体内に本来存在する「元気」を充実させ環流させる方法)、金丹法、内丹法(後述するが、ここではまだ初期的な内容)、方薬(草木薬の調合と服用)、符図、庚申《こうしん》(庚申の日に体内からでて悪事を働く三尸《さんし》という妖魔の害をおさえる方法、あるいはその駆除法)、尸解《しかい》(肉体から抜け出てひとまず屍を残しつつその人の本体は仙界へといたる方法)などである。

このほかに、道性論、坐忘論など隋唐時代を中心にあらわれた思想理論の紹介、神仙たちが詠ったという詩歌の諸経典からの抜粋、神仙たちの伝記などが載せられている。

『雲笈七籤』のこのような内容は道教にかかわるすべての人びとを拘束したわけではないが、とにかくこれが道教教理を語るうえで一つのスタンダードとなる。単行でも流通して一般の知識人たちにも広く知られることとなった。

④—宋代以降の変貌

道教の内容的変化

唐宋《とうそう》の境は大方が認めるように中国文化史上の最大の分岐点であると思うが、道教にかんしてもやはりこの時期を大きなターニングポイントとしてとらえることができる。今日の道教の基本型は、この時期以降の姿を継承しているといってよい。唐以前の文化といえば、ほとんど一握りの貴族階級のあいだで築かれ伝承されたものであったが、唐末五代の政治的・社会的な大混乱によって貴族はそれまでの力を失い、かわって地主などの経済力をもつ新しい人びとが台頭して社会を活性化した。宋代になると、商業活動の拡大、生産技術の革新、物流網の全国的拡大が進み、文化の大きな質的変化が起こるようになる。またこのころ書物の印刷出版技術が普及し、ほんの一部の貴族のあいだで伝承されていた専門的な知識が広範囲に伝えられるようになってきた。一言でいえば、文化を形成し担う中心的主体が貴族から富裕庶民層に移り、その質も貴族趣味から庶民化したといえよう。

八仙過海図　八仙の代表的な図案。これは広東省南海県の西樵山雲泉仙館の塑像。左から鍾離権、李鉄拐、呂洞賓、藍采和、韓湘子、何仙姑、張果老、曹国舅。八仙は明のなかごろまではかならずしもこのメンバーに確定していたわけではない。八という中国ではめでたいとされる数字がもっとも重要であった。

道教でも、例えば信仰対象にも新しいタイプの神仙があらわれた。その代表は呂洞賓《りょどうひん》である。唐代後期～五代に生きた人とされるが、宋代になってから伝説化され、さまざまな姿をとりつつ一般の庶民の暮す巷《ちまた》にあらわれるとされた。あるときは弱者を助け善良な者を救い、あるときはそれとなく道教的な教化をおこなう存在と考えられ、民間で広くその種の逸話が語られるようになる。そして徐々に彼を軸としつつ、やはり唐宋のあいだにあらわれたとされる人びとを中心に「八仙」という仙人集団が説かれるようになり、今日まで中国では仙人の代表的なイメージとなっている。唐代以前の一般的な仙人としては、赤松《せきしょう》子《し》や王子喬《おうしきょう》を代表とする『列仙伝』や『神仙伝』にでてくる人びとがまず思い浮かべられたようであるが、それはこのころに大きく変化したといってよい。今日大陸や台湾などの道教寺院で人びとにもっとも篤《あつ》く信仰される玉皇《ぎょくこう》、真武《しんぶ》、関帝《かんてい》（関羽《かんう》）などは、宋代以降に民間から押し上げられたかたちで王朝が権威を与えて信仰が本格化したといえるものである。その後も元以降には学問の神である文昌帝君《ぶんしょうていくん》、航海の神である媽祖《まそ》、道観の守り神の王霊官《おうれいかん》などが続々と重要神に加わり、今日道観で祭祀される神々の編成ができあがることになる。

玉皇大帝像　重慶市大足県舒成岩第五号「玉皇大帝」龕の像。南宋紹興十三(一一四三)年造。

体内にめぐらす気のルート　南宋・蕭応叟『元始無量度人上品妙経内義』「体象陰陽升降図」。

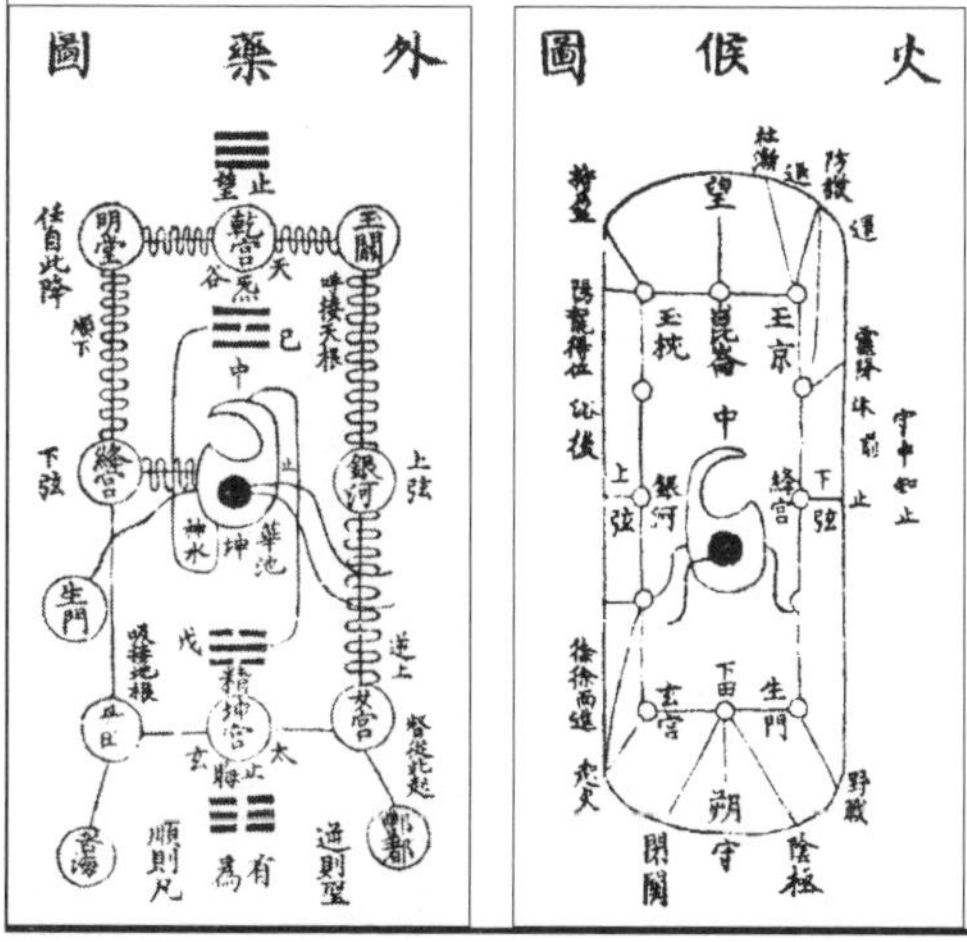

内丹法の図示　元・李道純(りどうじゅん)『中和集』の「火候図」「外薬図」。「火候」は本来は金丹(外丹)を炉で錬成するさいの火加減のこと。内丹法では気が体内をめぐるさいの状態や意念の強弱を示す言葉として転用する。

また、神仙道(神仙術)にかんしては、唐代に盛行した金丹《きんたん》術(外丹《がいたん》法)にかわって、宋代に内丹《ないたん》法が流行を始め、道教における修行法の中心となっていく。内丹法とは一種の瞑想法であり、自らの体内に流れている気を、神《しん》(こころ)による操作をとおして精錬する技法であり、その結果として自らの内部に内なる金丹(これは修錬を十分にへた気であるとする立場と、やはり修錬を十分にへた神であるとする立場の二つがある)をつくりあげ、不老長生がかなうとするものである。説き方としては従来の金丹術の用語を多く使っているが、内容的にはそれまでの存思《そんし》、服気《ふっき》、行気《こうき》、胎息《たいそく》といったイメージ法と気を使う技法から総合的に発展したものである。これもむろん時代の流れにそったものといえよう。繰り返すが、本格的な金丹の錬成には莫大な費用がかかり、その完成はなみたいていの沙汰ではないことは葛洪《かっこう》からいわれていたことであるし、その方法は師からわずかな弟子に血盟《けつめい》をもって秘伝として伝えられるものとされ、多くの人がおこなえるようなものではなかった。しかし内丹法は基本的には自分の身体さえあればよいのであり、とくに費用がかかるわけではない。そして血盟により伝えられるべき秘伝とされたようなことも、印刷出版が普及したことにより、その方面の書物をあれこれと入手して読めばおおよその内容は知りうるようになった。いちおう肝心な部分は師匠からの口訣《くけつ》によるべしとはいわれるにせよ、ひとまず自分なりの理解をもとにおこなうことが可能となった。その結果多くの人が内丹法にたずさわることになるが、職業的な道士のみならず、ごく一般の文人たちも関心をもち、立場に関係なく多くの人が実践するようになった。蘇軾《そしょく》▲や朱熹《しゅき》▲といった当時を代表する儒者もこれに手を染めた。さらに呂洞賓などの新しい仙人が内丹法に結びつけられ、肝心の秘伝の伝授者は彼らでよい(むしろ彼らがよい?)ということになった。のちに内丹法の世界で絶大な権威をもつことになる二大宗派として南宗《なんしゅう》と北宗《ほくしゅう》(全真《ぜんしん》教)があり、それぞれの開祖とされる人が張伯端《ちょうはくたん》と王嚞《おうてつ》であるが、彼らは本来は道士ではなく、あまりうだつがあがらない類の下層知識人であった。それがあるときふと呂洞賓あるいは劉海蟾《りゅうかいせん》▲に感遇し(たと自称し?)、内丹の歴史上最高のオーソリティとなっていくのである。

なお、内丹法にも二つの傾向がある。一つは気の修錬に重点をおき、気の錬成を徹底的に進めることにより、肉体的な自己存在を永遠のものとしていくこ

▼**蘇軾**(一〇三六~一一〇一)　号は東坡居士(とうばこじ)。北宋の詩人、書家、思想家。儒教では蜀(しょく)学の中心人物とされるが、仏教と道教にも強い関心をもった。

▼**朱熹**(一一三〇~一二〇〇)　通称朱子。南宋の思想家。北宋にあらわれた新しい儒教思想を集大成して朱子学をつくりあげた。

▼**劉海蟾**　宋代ころより呂洞賓らとともに人気があった代表的な仙人。もとは唐末五代に劉守光が建てた燕(えん)国の宰相であったなどといわれる。彼を八仙に加える場合もある。

張伯端像（浙江省天台県桐柏宮）

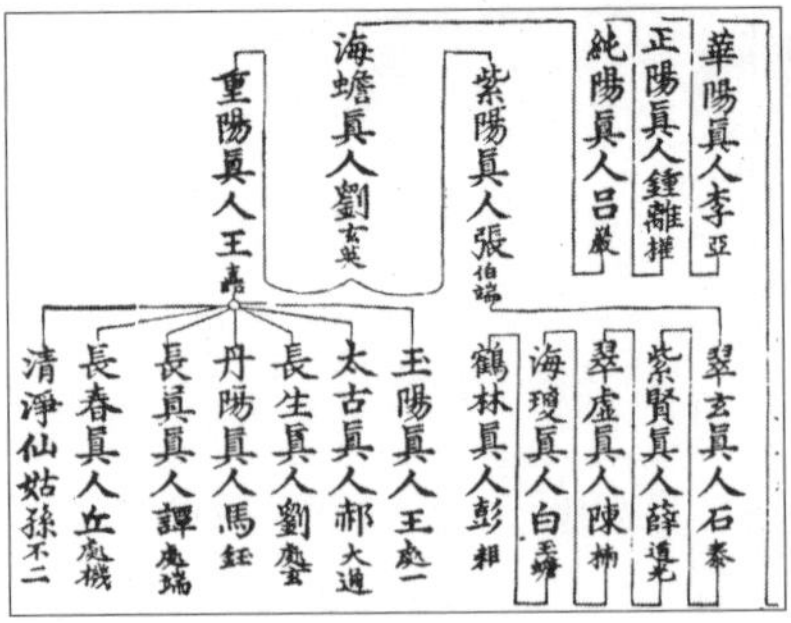

南宗北宗図（元・蕭廷芝「大道正統」）

とを説くものである。内丹説では気は生命を支える根本であることから「気＝命」とされているので、これは「命宗《めいしゅう》」と呼ばれる。この成就者としての神仙のイメージは、唐代以前の不死の神仙に近い。またもう一つは、神《しん》（性）の修錬こそ最終的に重要ととらえ、気の修錬とともに進行する神の修錬が徹底されることにより、本来生滅をこえたものであった自らの本性（元神）を回復することができ、それにより精神の永遠不滅を獲得することを説くものである。内丹説では神《しん》はもともと本性にほかならないとして「神＝性」とされているので、これは「性宗《せいしゅう》」と呼ばれる。この成就は禅宗の悟りに似ている。内丹法もがんらいは命宗的な傾向がかなりあったが、しだいに性宗的な内容が一般的となっていく。これはもともと性宗であった全真教がしだいに道教界の主流となったことや、仏教界を禅宗が席巻したことの影響もあるが、やはり長い歴史上の経験からして肉体的な不死が不可能であるとの認識が高まったことが大きいであろう。つまり、金丹術は、外丹から内丹へ、そして命宗から性宗へと、しだいに内面化、精神化の道をたどりつつ、今日にいたることになる。ただし、そもそもが気一元論であった道教にあっては、気は決して棄て去られることはなく、

雷法の神々　代表的な神将の鄧天君(右)と辛天君(左)

▼神霄説　天上の最高の所に神霄という世界があり、そこに住む高上神霄玉清真王が雷の強烈な力にもとづいてあまたの雷官を使いつつ天地を支配統括しているという説。旧来とは違う新しい天界観を示し、後世にも大きな影響を与えた。

仏教や儒教(朱子学)では物質でないがゆえに絶対であり永遠であったその「性」さえも、道教では気の影を引きずりつづけていくことになる。

神仙道のみならず、道教は呪術法を主要な内容としてきたわけであるが、これも宋代以降に新しい性格をおびてきた。雷法《らいほう》の登場である。雷法とは、雷のもつ激しく強烈な力を、邪悪な鬼神をこらしめる正義の力として呪術に取り入れたものである。従来の呪術に使われる鬼神や神将に加え、雷法では雷による強烈な天譴《てんけん》の代行者とされる恐ろしい雷部の神将(雷官)が主役となる。このような呪術の起源は唐代に遡るともいわれるが、現在まだ詳しいことはわからない。ただ盛行するのは宋代以降である。とくに徽宗《きそう》から熱烈な寵遇をえた林霊《りんれい》素《そ》が説く神霄《しんしょう》説▲と一体になって広まった。林霊素は結局失脚し、神霄説もやや下火になるが、雷法はその後の呪術や道教儀礼に一つのスタンダードとして残りつづけることになる。

なお雷法が完成し成熟していくにあたっては内丹説の普及がおおいに影響している。雷法の実践者は内丹法の修行により体内に金丹をつくることが求められる。自己の神や気は、「内に錬れば丹と成り、外に用いれば法(雷法を中心とする法術)と成る」ものであるといわれ、内丹法に習熟し、内丹を錬成することにより雷法も行使できるとされたのである。

要するに、時代とともに道教の中心部分を成す内容は大きく変わった。かつて人びとを恐怖させ、おおいに道教信仰へとあおった天地崩壊説も、このころの人はほとんどまったく頭にない。そもそも天地の崩壊だ再生だといわれた当該の甲申《こうしん》や壬辰《じんしん》とされるべき歳はとうの昔に過ぎていた。くふうを凝らして仏教思想に対抗した「道性《どうしょう》」「重玄《ちょうげん》」の声ももはやあまり響かない。仏教では煩瑣な教学はすたれ、「不立文字《ふりゅうもんじ》」「直指人心《じきしにんしん》」、そして「見性成仏《けんしょうじょうぶつ》」をスローガンとする禅となった。道教では内丹説が主体となって禅にすり寄っていった。新しい時代の道教は内丹と雷法が加わり、それらが両輪となって展開していくことになる。

江南の経籙三山

宋代になると、独立に符籙《ふろく》▲を発給できる総本山として、天師道を継承するという龍虎山《りゅうこざん》、上清《じょうせい》派を継承するという茅山《ぼうざん》、そして霊宝《れいほう》派を継承するという閤《こう》

▼**符籙**　道士の資格と位階を示すライセンスとなる書類。呪術をおこなうさいにコンタクトをとる神々の名前や用いる符などが記されている。

龍虎山

皂山《そうざん》が鼎立する状態があらわれた。これらは「経籙《きょうろく》三山」と呼ばれて江南道教の世界で権威を誇ることとなった。

　龍虎山は現在の江西《こうせい》省貴溪《きけい》市にある。伝説では、五斗米道《ごとべいどう》の張魯《ちょうろ》が曹操《そうそう》に敗れて中原《ちゅうげん》へと連行されてのち、張魯の第三子の張盛《ちょうせい》があるときに南遊にでて、その途上かつて張道陵《ちょうどうりょう》が錬丹をおこなったと伝えられるこの地にいたり、庵を結んで居したといい、その後代々その教法を受け継ぎ、宋初には第二十四代の張正随《ちょうせいずい》が天師の嫡系であることを崇《とうと》ばれて朝廷より「先生」号を与えられたという。元末明《みん》初に編纂された『龍虎山志』や『漢天師世家《かんてんしせいか》』といった書には、歴代の天師として張道陵、衡《こう》、魯、盛以下、二十四代の張正随をへつつ第四十数代まで逐一伝を立てている。しかし張魯に盛という名の子があったことは唐以前の文献にみられないことをはじめ、この系譜はほぼ宋代以降の創作とみてよい。張道陵の子孫が南朝の天師道のなかでは一定の権威をもっていたらしいこと（ただし居場所は龍虎山ではない）、あるいは晩唐には龍虎山に張道陵第十八代の子孫とされる人などがいたらしいこと（ただし後世の『龍虎山志』などの記載とは別名）は断片的な資料から知られる。また北宋《ほくそう》初めの天師の名も少し混

▼**張継先**(一〇九二〜一一二六)　宋の徽宗(きそう)より虚靖(きょせい)先生の号を賜ったため、虚靖天師と呼ばれる。南宋よりさまざまな神異譚が語られ、強力な呪術師として人気が高い。

茅山　茅山山域でもっとも高い大茅峰と山頂に建つ九霄(しょう)万福宮。

乱があるようである。龍虎山の張天師への注目が集まるのは、『水滸伝《すいこでん》』にも取り入れられるなどでなにかと伝説化された第三十代とされる張継先《ちょうけいせん》▲の北宋末南宋《なんそう》初めころであり、それ以降はほぼ史書のいう継承があったようである。

　これと同じようなことは、じつは茅山、閤皂山についてもいえる。

　茅山上清派の陶弘景《とうこうけい》の高名は後世に鳴り響いたが、そのため唐代には彼に結びつけられた系譜があれこれと説かれたようである。これは道教にかぎったことではなく、本来は自己の外側からの権威付けなどを極力排除するはずの禅宗でも正当派争いの紛争があり、そのあたりからの影響があったのではないかとの見方もある。ただ、深刻なセクト対立というよりは、ほんの軽い気持ちで自分や身近な道士を古えの偉人に結びつけることはかなりおこなわれていたようである。しかし、とくに衆目の認める正系というようなものは存在しなかったと考えてよい。そのようななかで、唐も終りに向かおうかというころ、李渤《りぼつ》の『真系《しんけい》』という文章があらわれた。これは楊羲《ようぎ》から始まり、陸修静《りくしゅうせい》をも含みつつ陶弘景、潘師正《はんしせい》、司馬承禎《しばしょうてい》らの著名人を強引に結んだ系譜であるが、一定の権威をもったようであり、『雲笈七籤《うんきゅうしちせん》』にも取り入れられた。そして結局これ

閤皁山大万寿崇真宮 宋代以来、閤皁山の中心的道観として知られる。

にかなり影響された系譜が茅山道教の宗師の正系として説かれるようになったらしい。元の劉大彬《りゅうたいひん》『茅山志』では魏華存《ぎかそん》を第一代とし、第二代に楊羲、そのあとに許謐、陸修静、陶弘景、潘師正、司馬承禎らをへて朱自英《しゅじえい》、劉混康《りゅうこんこう》らの宋代に茅山を本拠地とした著名な道士らへとつなげられ、最後に元代後期の第四十四代劉大彬まで記されている。

閤皁山は、現在の江西省樟樹《しょうじゅ》市に位置する。唐代以前に道教にからんで有名になったことはないようであるが、いつしか葛玄《かつげん》昇仙の地とされ、宋代には葛玄の霊宝の伝統を継承する一本拠地とみなされていた。南宋から元のころには大規模な道観があり、葛玄から数えて第四十代とか第四十六代といわれる宗師も立てられていたようであるが、その後は急速に衰えてしまい、残っている資料も少なく詳細は不明である。

要するに宋代になると、漢魏六朝《かんぎりくちょう》以来の伝統を事実として代々継承しているかは相当に疑わしいが、それを主張しながらおのおのの根拠地の歴史的権威を拠り所としてこれらの三山があり、比較的安定した勢力を形成していた。それが宋代以降の江南の大局であった。

しかし、伝統的な権威と張道陵や張継先の呪術師としての人気などにより、やはり最終的には龍虎山の系統が江南道教全体の領袖《りょうしゅう》の地位にすわるようになる。なおこのころはその旧来の「天師道」という呼称はあまりみられず、公式には「正一《しょういつ》」の語が教派名に使われることが通行するようになる。そこでこれを一般に「正一教」「正一派」などと呼ぶことになる。

河北の新興道教と全真教

女真族《じょしんぞく》の金《きん》は宋の徽宗のときに首都開封を攻め落とし、淮水《わいすい》以北の中国を占領することになる。その結果、この地域の住人たちは必然的に不安定な社会に身をおくこととなったうえ、おそらくはいきなり漢人の土地をおさめることになった金朝にとって宗教をいかに統制するか政策的に未熟でもあったためであろう、この金の統治下で従来にはなかった新しい道教系新興宗教があらわれ、人びとの信仰を集めてそれぞれ大きな勢力となって金元時代をとおして栄えた。それが、太一教《たいいつきょう》・真大道教《しんだい》・全真教の三派であり、三者三様の道教的性格を基に発展していった。

太一教は、金の天眷《てんけん》年間（一一三八〜四〇年）に蕭抱珍《しょうほうちん》が汲県《きゅうけん》（現在の河南《かなん》省衛《えい》輝《き》市）で開創した。彼はあるとき「仙聖」より「太一三元の法籙《ほうろく》」と呼ばれる秘籙を授かったといい、それを用いた符呪法を駆使し、祈雨祈晴などに霊験《れいげん》を発揮して人びとの心をつかんだ。歴代の教祖はみな蕭姓を称したが、開祖の一族を中心に伝えられたものではなく、二祖以下は嗣法すると蕭に改姓する習わしであった。元末の蕭天祐《しょうてんゆう》のころまで教団は栄えたが、その後まもなく同類の正一教の勢力に呑み込まれるなどで消滅したらしい。

真大道教は、十二世紀の半ば、滄州《そうしゅう》（現在の山東《さんとう》省楽陵《らくりょう》市）の劉徳仁《りゅうとくじん》に始まる。彼はあるとき老子《ろうし》を思わせる不思議な老人から『道徳経』の要言を授けられたといい、それを機に符や薬や鍼灸《しんきゅう》などを使わずにひたすら「虚空《そら》に黙禱する」という独特の方法で人びとの病気治療の活動を始め、その効果で多くの信者をえたという。彼は符や薬だけでなく、長生や昇仙という道教の特徴をなす要素を説かなかったというが、『道徳経』を根本におくために、結果的に道教として受け入れられたのであろう。後継者たちの世代でも治病を中心に活動し、元のころには江南にも広がりをみせたが、元末以降は消息不明となってしまう。

▼**丘処機**（一一四八〜一二二七）　全真教七真人の一人。号は長春。後世では一般に長春真人と尊称される。チンギス・ハンをたずねる西域への行程は『長春真人西遊記』にまとめられた。

全真教はやはり十二世紀の半ば、咸陽《かんよう》（現在の陝西《せんせい》省咸陽市）の人王嚞に始まる。彼はあるとき不意に呂洞賓に遇って内丹法の秘訣を授かったといい、それをもとに修行をおこなって自分なりの悟道をえた。これは先述した呂洞賓信仰と内丹法の流行という北宋以来の道教の新傾向にそのまま乗った人物といえよう。そして山東地方への遊行の途上、その地の有力者であった馬鈺《ばぎょく》をはじめ、七真人と呼ばれる七人の高弟を育てた。その七真人の布教によって教団がかたちを成して発展していくが、とくに丘処機《きゅうしょき》▲がモンゴルのチンギス・ハンと会見して信頼をえると、モンゴル朝からさまざまなバックアップをえておおいに隆盛を誇ることになる。その後も丘処機門下世代きってのインテリであった宋徳方《そうとくほう》が国家的事業でもある道蔵《どうぞう》の編纂にあたり、全真教関係の文献を数多く入蔵させることができたことや、元朝の中国統一後に江南の呂洞賓信仰や内丹術にたずさわる道士を吸収できたことなどで、消滅することなく安定した勢力として定着することになった。

王嚞の教説は前述のように、内丹術のなかでも性宗の部類に属する。彼がよく口にする教義的スローガンは「養気全神」（気を養い神を全くする）であり、基

煙霞洞　王嚞が馬鈺ら弟子たちを鍛錬した山洞。山東省煙台市(牟平区)。

王嚞と七真人　煙霞洞の前で七真人を指導する王嚞。武漢長春観七真殿の壁画。

チンギス・ハンに謁見する丘処機　西安八仙宮丘祖殿の壁画。

北京白雲観正面

本として気と神の修行をあわせておこなうことを求めるが、最終的には神すなわち性は物質的な生滅をこえた本性としてだれにもそなわっているとし、普段自覚できなくなっているその性を顕《あらわ》し出すことを目標とする。この性はとくに「(本来の)真性」と呼ばれ、これこそが不死の金丹なのだとし、それを回復し顕現させられたならばそれが長生不死なのだと説く。そもそもがやはり生滅をこえた自らの性(仏性)を自覚し回復することをめざす禅宗に似た内容であるが、教団の拡大とともに整えられていく道士の生活様式なども禅宗を模倣する面が大きい。

明代以降のあり方

宋元時代に起こった新展開をへて、結局元代の末に道教は江南の領袖となった正一教(天師道)と河北《かほく》を基盤に定着した全真教が二大宗派となり、その他の諸派は両者の傘下にはいるか消滅するかであった。明代の初めに道教は国の制度として全真と正一の二つに分けられ、以後その形式は変わらず今日にいたっている。

▼白雲観　唐代の幽州天長観を起源とする道観。丘処機がチンギス・ハン面会後にここに住すると長春宮に改名し、その後明代に白雲観となった。丘処機の遺骸が眠り、元以降全真教の中心的道観となる。現在は正一教も含む大陸道教の中心。

北京白雲観戒台　全真教の授戒の儀式。

両者は道観を拠点に各種の宗教的儀式を執りおこなうなど道士としての活動は共通する面も多いが、やはり基本的な性格を異にしたといってよい。全真教は北京《ペキン》の白雲観《はくうんかん》▲を総本山とし、初真戒《しょしんかい》・中極戒《ちゅうきょくかい》・天仙大戒《てんせんだいかい》の三ランクの戒律の伝授によって道士の資格と位階を与える「授戒」(伝戒)制度を基本とした。道士は出家が要求され、禅寺と同じく清規《しんぎ》により厳しい規律に従った生活をおこなった。一方、正一教は龍虎山を総本山とし、伝統的におこなわれてきたといってよい符籙の伝授によって道士の資格と位階を与える「授籙」制度を基本とした。道士は妻帯可能であり、世襲で宗教活動をおこなう場合も少なくなかった。

二大派の並立という大勢は固定したが、その内部には歴史の変化とともに数多くの新派が生まれた。全真教は明末までに七真人それぞれを祖師とする分派が形成されていたようであるが、とりわけ丘処機の龍門《りゅうもん》派が、彼の歴史的名声の影響もあって圧倒的な勢力と権威を誇った。そしてそこからさらに金山《きんざん》派などの分派も生じた。

ところでこの金山派、別名嶗山《ろうざん》派は、山東青州《せいしゅう》の人で龍門派第四代という明

龍虎山天師府　正一教の頂点に立つ張天師の居所。

▼**扶乩**（**扶鸞**）　日本のこっくりさんに少し似た神降しの方法。霊媒がT字型やY字型の器具をもち、自動書記により神意を砂の上などに記す。

▼**張三丰**（生没年不詳）　明初にいたとされる謎の道士。湖北の武当山の道観を修復するなどしつつ、各地を放浪した。明の永楽帝は彼のために武当山に巨大な宮観群を築いた。太極拳の達人であったとも伝えられ

代の孫玄静《そんげんせい》、号は金山が、山東の嶗山で出家してより龍門派第三代らしき通玄《つうげん》子《し》などから教示をえ、二十余年の苦修をへて嶗山へもどるなどしつつ独自に開いたものという由来が伝えられており、分派の展開としてはひとまずわかりやすい。しかしこの時代も制度上の正式な道士をみているだけでは道教は把握できない。

明清《みんしん》時代には扶乩《フーチー》《ふけい》（扶鸞《ふらん》）▲という降霊法が非常に流行した。これ自体は道教にかぎらず広く民間でおこなわれ、儒生《じゅせい》が科挙《かきょ》の問題やその合否を神に問うなどといったことも少なくなかったようであるが、一般的に出現する神格の多くは道教系の神仙であり、その啓示をもとに道教とみなされる活動が展開していく事例が続出する。例えば、明の陸西星《りくせいせい》は呂洞賓が家にくだって秘訣を示したとし、自ら内丹関係の著述を大量に残した。清の李西月《りせいげつ》はやはり呂洞賓や張三《ちょうさん》丰《ぽう》▲の降霊を積極的におこない、降筆の文章も含めて張三丰の文集を編纂したほか、陸同様に自ら内丹方面の著作を数多く著した。彼らは呂洞賓からの伝授を受けたということになり、それぞれ後世の人から内丹法の東派と西派と呼ばれる。呂洞賓はまた扶乩の降筆で内丹のテキストとして有名な『太乙金華宗旨《たいいつきんかしゅうし》』

る。明以降の道士ではもっとも著名な一人。

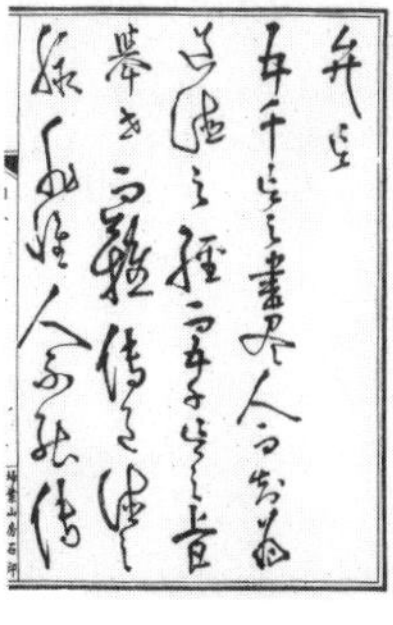

扶乩により示された呂洞賓の筆跡（『道徳経釈義』）

▼派詩　道教の各派それぞれに伝承され、その派の教義を要約したとされる詩。道士の法名は、開祖から数えて何代目であるかにより、自らの所属する派の派詩の頭字から数えてそれと同じ順番の文字を用いて命名する。

を残すが、これをもとに天仙《てんせん》派なる一派が形成される。さらに呂洞賓はあちこちで降筆による文章を残したが、これらの多くはレッキとした道教経典としてあつかわれることになる。最近の研究によれば、全真教の教団制度の根本を成すといえる授戒制度で伝授するところの戒律も、少なくとも一部は呂洞賓の扶乩に由来する可能性が高いようである。遅くとも明末以降、道教の各派は授戒（伝戒）もしくは授籙によって、それぞれの継承世代を示す「派詩《はし》」▲とともに連綿と師資相承《ししそうしょう》されるのが大原則のはずであったが、実際のあり方はそのような枠にはおさまりきるものではなかった。また正式な道士でも扶乩をやる者がいたようであり、龍門派の道士でありながら扶乩を使った神仙とのコンタクトをもとに龍門派の分派をつくる者もいたようである。つまり、道服を身につけているいないにかかわらず、清代には扶乩で直接呂洞賓に教えを請うことも多かったようである。これらがおこなわれる場は「道壇」と呼ばれることからも知られるように、やはり「道」の文化のカテゴリーにはいるものとみなされたのであり、したがって一般に道教という扱いで了解されてきたようである。

さらにいえば、「龍門派」という名称も、この派の道士と接触のあった一般の人びとが勝手に用いることも少なからずあった。全真教史上最大の英雄である丘処機を開祖にいただく龍門派の名は、道教の枠を無視してさまざまな人に内丹法の権威としてしばしば唱えられた。仏僧にも、民間宗教の開祖や担い手にも、さらには日本人にも龍門派を唱える人がでることになる。

その他、素朴な民間の神廟での信仰活動についても、道教なのか仏教なのか、あるいは儒教か区別が難しい雑然とした状況の場合が少なくない。道観で観音を祀り、仏寺で関羽を祀るのはふつうである。また一人の人物についても、立場は「儒」ではあるが彼のある種の行動は「道」だとするような捉え方もでてくる。著名な儒者たちの『老子道徳経』注や『周易参同契《しゅうえきさんどうけい》』注も道蔵におさめられており、道教経典の扱いである。

このようなあり方を観察していくと、要するに普段はあまり三教などの文化上の枠にはかかわらず心の赴くままに活動するが、必要な場合には儒仏道を意識し、あらためて厳かにそれぞれの要素を遡源的に考えて、その根本もしくは由来するもとが儒仏道のうちの「道」にカテゴライズされる神仙なり人物なり方法などであるということになれば道教と判断する、というようなことで処理

扶乩の様子　亡妻の言葉を求める人。清末の世情を伝える『点石斎画報』から。

「歴代万霊総聖全図」　一般民衆の思い描く神々の世界の全体像を示した年画。儒仏道の三教の神々が混在している。

されていたようである。

そして道教は（仏教や儒教も同じことだが）かならずしもその全体系が人や集団のすべてをおおいつくし規定するような重い教義体系ではなく、その一部が人や集団の一部として取り入れられつつ多様な諸文化と混合し、内容上の授受をしながらフィードバックもすることが可能な文化となっていたといえよう。「道士と道観の道教」が道教として正統であり権威をもつということは一般論的に認められているが、じつはそれ自体の活動内容は伝統に依拠しその遵守をむねとするわけであり、大きな内容的変化は起こりにくいことになる。それにたいし、本来は非道士による道教文化がいろいろなかたちで展開発展し、道士の道教にも流れ込んでそれを豊かにしていくものであったといってよいであろう。

⑤——現代の道教

解放前と文革後の主要道観

話を反転させるようであるが、周縁部から流れ込んできた内容に洗われてたびたび大きく変貌してきたにせよ、道教が中国の国家的な道仏統制制度のなかに組み込まれて以来、その歴史的な中心部分とみなすべきは、やはり国からの資格認定をえた道士、そして彼らが居住し活動をおこなう道観であることも事実である。全真《ぜんしん》・正一《しょういつ》の二大派並立の状況を引き継いだ二十世紀初頭には、道観は住持が自分の弟子を育ててそこから後任を選んで継がせる比較的小規模の子孫派（小道院）と、各地からきた多くの雲水道士を受け入れ修行させる大規模な十方《じっぽう》派（十方叢林）に大きく分かれていた。その性格上、正一教の場合子孫派の道観のみとなり、また十方派の道観は全真教にかぎられることとなった。

一九三九（昭和十四）年から七年間にわたって北京《ペキン》に留学し、道教の実地研究に精力を傾注した吉岡義豊は、当時現存する十方派の道観は多くないとしながらも、つぎのものをあげている。

白雲観《はくうんかん》（北京西便門外）・太清宮《たいせいきゅう》（奉天《ほうてん》小西街）・常清観《じょうせいかん》（山東済寧《さんとうせいねい》）・玄妙観《げんみょうかん》（河南南陽《かなんなんよう》）・八仙庵《はっせんあん》（西安《せいあん》）・楼観台《ろうかんだい》（西安）・龍門洞《りゅうもんどう》（西安）・留侯祠《りゅうこうし》（漢中《かんちゅう》）・玉皇閣《ぎょくこうかく》（漢口《かんこう》後城馬路）・玄妙観《げんみょうかん》（漢陽《かんよう》）・武当宮《ぶとうきゅう》（武昌《ぶしょう》平湖門《へいこもん》内）・長春観《ちょうしゅんかん》（武昌東門《とうもん》外）・白雲観（上海《シャンハイ》老西門《ろうせいもん》外）・右聖観《ゆうせいかん》（寧波《ニンポー》北門《ほくもん》外）・丹徳観《たんとくかん》（寧波鎮海《ちんかい》県北門内）・玄妙観（江蘇《こうそ》常州《じょうしゅう》）・青羊宮《せいようきゅう》（四川《しせん》通恵門《つうけいもん》外）・二仙庵《にせんあん》（四川通恵門外）・天后宮《てんこうきゅう》（青島《チンタオ》東鎮《とうちん》）・沖虚観《ちゅうきょかん》（広東《カントン》石龍鎮《せきりゅうちん》羅浮山《らふさん》）・黄龍観《こうりゅうかん》（広東石龍鎮羅浮山）・白鶴観《はくかくかん》（広東石龍鎮羅浮山）・三元宮《さんげんきゅう》（広州《こうしゅう》市観音山《かんのんさん》）・応元宮《おうげんきゅう》（広州市観音山）・元妙観《げんみょうかん》（広東恵州西湖《けいしゅうせいこ》）

（『道教の研究』による。所在地の表現もそのまま）

以上で二五カ所である。すべてをつくしているかどうかわからないが、解放前の全国的な道観の状況についていちおうの目安となる貴重な記録である。

その後文化大革命▲の時期になると、宗教とされるものは徹底的に否定され、道教も道士は還俗、道観は廃止となり、多くが破壊された。しかし一九八〇年代にはいってから、徐々にであるがふたたび宗教活動が認められるようになる。そこで中国道教協会は全国的な道教復興の拠点となるべき「全国重点宮観」の

▼文化大革命　一九六六年に始まる毛沢東(もうたくとう)による政治運動。権力闘争とともに共産主義、唯物主義の原理追求も鼓吹され、熱狂的に毛を支持する少年中心の紅衛兵(こうえいへい)らにより、資本主義的なもの、唯心的・宗教的なものは徹底的に批判・破壊された。

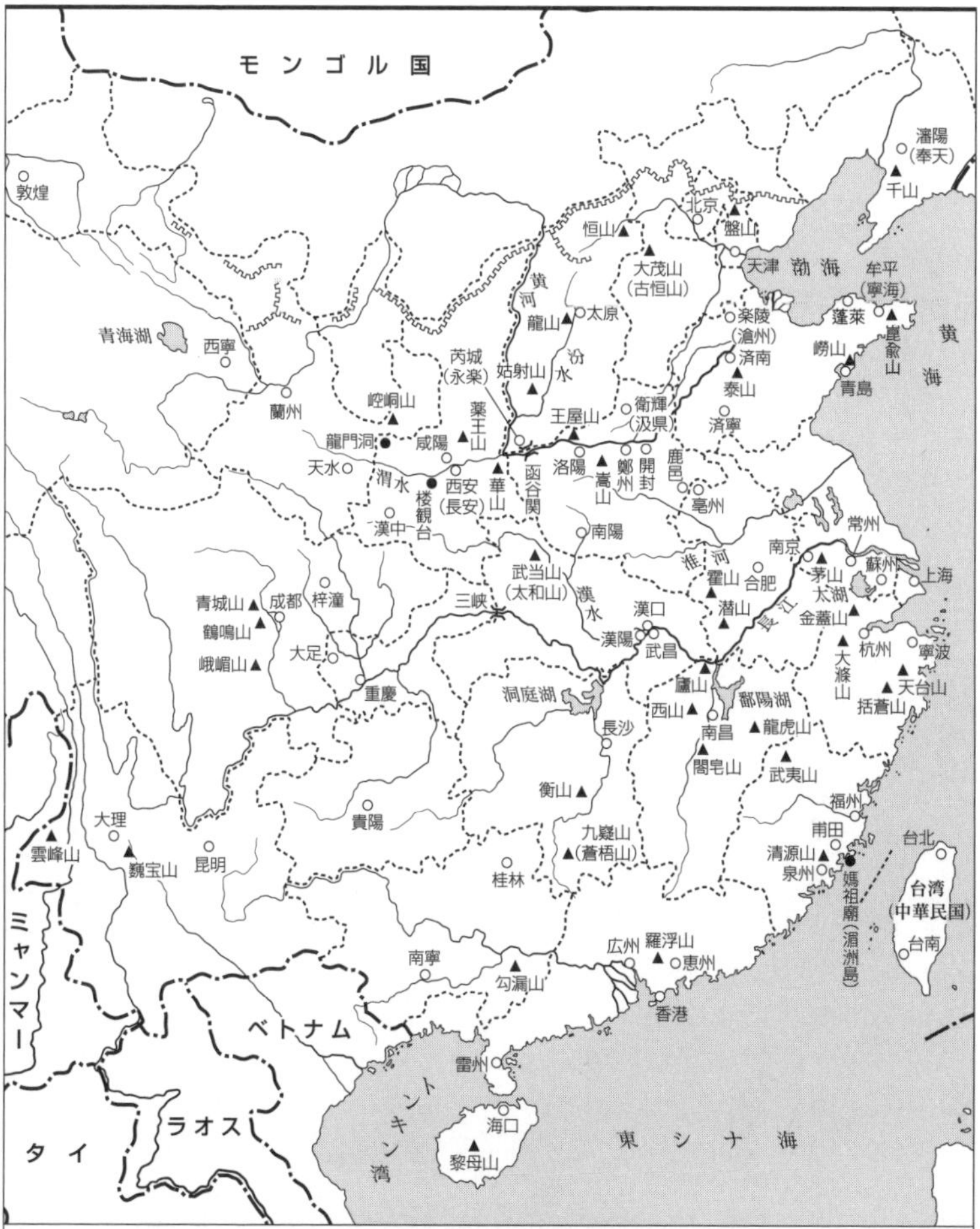

●——現代道教地図

青城山常道観

武当山山頂の太岳太和宮

成都青羊宮

設定を提案し、国務院宗教事務局により承認された。これは各地を代表する二一の著名な道観が選ばれた。左記のとおりである（李養正『当代中国道教』による）。

泰山碧霞祠《たいざんへきかし》（山東）・嶗山《ろうざん》太清宮（山東）・茅山《ぼうざん》道院（江蘇）・杭州抱朴《こうしゅうほうぼく》道院（浙江《せっこう》）・龍虎山《りゅうこざん》天師府（江西《こうせい》）・太岳太和宮《たいがくたいわきゅう》（湖北《こほく》）・太元紫霄宮《たいげんししょうきゅう》（湖北）・武昌長春観（湖北）・羅浮山沖虚古観（広東）・青城山常道観《せいじょうざんじょうどうかん》（四川）・青城山祖師殿《そしでん》（四川）・成都《せいと》青羊宮（四川）・周至《しゅうし》楼観台（陝西《せんせい》）・西安八仙宮《はっせんきゅう》（陝西）・華山《かざん》玉泉《ぎょくせん》道院（陝西）・華山東道院《とうどういん》（陝西）・華山鎮岳宮《ちんがくきゅう》（陝西）・千山無量観《せんざんむりょうかん》（遼寧《りょうねい》）・瀋陽《しんよう》太清宮（遼寧）・嵩山中岳廟《すうざんちゅうがくびょう》（河南）・北京白雲観

吉岡の報告にあったものも多いが、そのほかにも泰山碧霞祠や茅山道院など歴史上名高く、かつおそらくは文革前まで道士が居住していたであろう道観が加えられている。ここにあげられたもの以外でも、例えば上海白雲観や蘇州《そしゅう》玄妙観（江蘇）、重陽万寿宮《ちょうようばんじゅきゅう》（陝西）、衡山南岳廟《こうざんなんがくびょう》（湖南《こなん》）などは多くの道士が居住し、全国でも有数の重要な活動拠点となっている。これら各地の道観がそれぞれの歴史や伝統にもとづいた独自の活動をおこなっているが、北京白雲観に事務所をもつ中国道教協会▲がゆるやかにそれらを統括している。ここにまた中国道教学院がおかれ、全国から若い道士を集めて今後を担う人物の育成に力をいれている。

どこまでが道教か

二十世紀初頭より、フランスや日本などを中心に道教に近代的学術の光があてられるようになる。その後二十世紀の終り近くまでは、研究者の人数や学会の組織などの活動からみても、日本はもっとも道教研究が盛んであったといってよいであろう。その日本の道教研究において、これまで「道家」と「道教」の区別、あるいは「教団道教」(教会道教、成立道教)と「民衆道教」(民間道教、通俗道教)を区別すべきだというような分析的な議論が起こったが、今日ではあまりその種の話はでてこなくなった。それは決着がついたからというよりは、そのような区分け論は適切に機能しないと認識されるようになったからのようである。この二〇年で急速に道教研究が盛んになった中国や、日本とは違った視点から優れた研究を提出してきた欧米も含め、そもそも道教とはなにかにつ

▼中国道教協会　全国の道教徒の連携と道教の優良な伝統の発揚、社会主義建設と世界平和実現への参与、信仰の自由の政策への協力を謳い、一九五七年に成立。中国初の全国的規模をもつ道教の団体組織。

陳攖寧（一八八〇〜一九六九）

中華民國二十八年一月一日　仙道月報　第一期　第一版

仙道月報

創刊號

本報宗旨

惠稿簡則

啓事

敬賀

玄妙無倫

仙道之光

帝鄉可期

本期目錄

發刊辭

『仙道月報』創刊号（一九三九年）

いても、まださまざまな意見がある。個別の事柄についての研究は相当に進んだといえるが、道教の総体について枠をつけたり、あるいは分析を加えたりするのはじつはいまだに容易なことではない。中国文化のさまざまな部分に複雑にからみつきまた入り込んでいる道教は、どうも本来的にすっきりとあつかわせてくれない性格をもっている。この事情は現代の状況についても変わらない。

例えば、二十世紀の道教を語るさいにかならず取り上げられる人物に陳攖寧《ちんえいねい》がいるが、彼と道教との関係もなかなかに複雑なものがある。彼の自伝などによれば、彼は一八八〇年に安徽《あんき》省懐寧《かいねい》県の教師の家に生まれ、幼児より厳しい伝統的教育を受けた。少年のころに小児結核となって極度に衰弱したが、道教系の修養法によってどうにか回復した。その後各種の科学などを学んだが、結局持病に苦しめられたので、本格的に修養法の研究に取り組むことにした。名山に住む道士たちをたずねて質問したが、修養について知らない者ばかりであり、たとえ多少心得がある者でも、陳自身の知識にさえおよばないことを悟った。そこで独力で『道蔵《どうぞう》』を読んで研究することを決意し、当時中国広しといえども著名道観に七部しかなかったとされた道蔵のうちの一つが上海白雲観に

易心瑩　左端が易心瑩(一八九六〜一九七六)。なお易心瑩は陳攖寧とも交流があり、修練法について論じ合う文章も残されている。右端は著名な学者の蒙文通(もうぶんつう)。

あったので、これを三年かけてすべて読破した。その後もおもに読書による研《けん》鑽《さん》を進めつつ、同志とともに『揚善半月刊《ようぜんはんげつかん》』『仙道月報《せんどうげっぽう》』という雑誌を発行するなどの活動をおこなった。そして自らの追求しているものを「仙学」「仙家」とし、「儒、釈、道、仙の四家は宗旨を異にする」と述べて、敢えて道家道教とも区別して位置づけた。しかし、解放後の一九五七年に中国道教協会が設立されると、その学識による名声から副会長に選任される。さらに一九六一年の改選で、第二代の会長に選任されることになる。このようなこともあって道教にかかわるさまざまな活動にも取り組むことになり、道教界から「現代の太上《たいじょう》老君《ろうくん》」と称されるほどであったという。

また、蕭天石《しょうてんせき》という人物がいる。一九〇九年に湖南省邵陽《しょうよう》県の文山村に生まれ、軍事学校をへて国民党の軍隊関係の仕事等に従事した。三十四歳のときに大病をえて生命もあやぶまれたが、ある禅僧に救われることとなり、その指導もあって道家の養生長生術の追求を開始する。翌年に四川の成都界隈で高名な道人から秘訣などを授けられ、さらに翌年に四川灌《かん》県の県長となり、区域内の青城山で李八百丈人《りはっぴゃくじょうじん》や易心瑩《えきしんえい》道士から真伝や秘籍をえた。一九四九年には台湾に移り、軍や行政の仕事を続けつつ自由出版社を設立し、『道蔵精華《どうぞうせいか》』という内丹《ないたん》術や養生法を中心とする道教文献を漸次大量に出版し、この方面の文化に大きな影響を与えた。元《げん》代以来いわれてきた張伯端《ちょうはくたん》の南派（南宗《なんしゅう》）、王重陽《おうちょうよう》の北派（北宗《ほくしゅう》）、およびおそらくは民国直前以降にいわれた明《みん》の陸西星《りくせいせい》の東派、清《しん》の李西月《りせいげつ》の西派をもとに、元の李道純《りどうじゅん》の中派を加えた五方の宗派分け、あるいはそれに青城派、三丰《さんぽう》派などを並列させる観点を交えた宗派分けを一般化させた（創《きず》いた？）のは、ほぼ彼といってよいのではないかと思う。これは大陸へも流れ込み、多かれ少なかれ受け入れられていることをはじめ、道教文化の普及に対する寄与は相当に大きい。

今日、インターネットで道教関係の情報を集めようと中国の検索エンジンで検索をかけると、「道教○○」と題するホームページが数多く存在することがわかる。それらすべてを見ようとしたことはないが、少なくとも簡単には把握できるような数字ではない。もちろん中国道教協会や、有名な道観のつくっているページもあるが、大部分は別に道士というわけでもない一般の愛好家によるもののようであり、それぞれが非常な熱のいれようである。さらにそれにたいして数多くの訪問者があれこれと意見や感想などを書き込んで一家言を呈している場合もある。またそのホームページの内容にしても、神仙や内丹、外丹《がいたん》関係のことはあたりまえとして、風水や占術関係の内容の豊富なもの、仏教とあわせているものなど、思い思いの内容となっている。

この感覚は今日にかぎったことではなく、道教とはこの種の愛好家の情熱がつくり支えた文化という面があるともいえ、このような現象も無知な素人のなせるわざとして無視できるものではないようにも思える。扶乩《フーチー》《ふけい》や気功など、ある人にいわせれば道教であり、またある人にいわせれば道教とはいえないとするものなど、微妙な位置にあるものもまだいろいろとある。第三者の筆者としては、ひとまず必要に応じて、それらはそういうものであると指摘し、またそういうものとしてあつかっておくよりうまい方法はなさそうである。道教の中心において考えるべきは、結局『滅惑《めつわく》論』(二頁参照)からいわれた老子、神仙、符籙あたりということになりそうであるが、その現在の外延の確定は困難である。むしろこのようなあり方も道教のもつ性格として理解する必要があるのではないかと思われる。

参考文献

池田知久『老荘思想』　放送大学教育振興会　一九九六年
伊藤清司『死者の棲む楽園――古代中国の死生観』　角川書店　一九九八年
神塚淑子『六朝道教思想の研究』　創文社　一九九九年
川原秀城『毒薬は口に苦し――中国の文人と不老不死』　大修館書店　二〇〇一年
楠山春樹『老子伝説の研究』　創文社　一九七九年
窪徳忠『道教史』　山川出版社　一九七七年
久保田量遠『中国儒道佛三教史論』再刊本　国書刊行会　一九八六年
小林正美『中国の道教』　創文社　一九九八年
小南一郎『中国の神話と物語り――古小説史の展開』　岩波書店　一九八四年
坂出祥伸『道教とはなにか』　中央公論新社　二〇〇五年
坂出祥伸編『「道教」の大事典――道教の世界を読む』　新人物往来社　一九九四年
澤田多喜男『『老子』考索』　汲古書院　二〇〇五年
志賀市子『中国のこっくりさん――扶鸞信仰と華人社会』　大修館書店　二〇〇三年
奈良行博『道教聖地――中国大陸踏査記録』　平河出版社　一九九八年
二階堂善弘『中国の神さま――神仙人気者列伝』　平凡社　二〇〇二年

二階堂善弘『道教・民間信仰における元帥神の変容』 関西大学出版部 二〇〇六年
野口鐵郎・坂出祥伸・福井文雅・山田利明編『道教事典』 平河出版社 一九九四年
蜂屋邦夫『金代道教の研究——王重陽と馬丹陽』 汲古書院 一九九二年
福永光司『道教思想史研究』 岩波書店 一九八七年
吉岡義豊『道教の研究』 法蔵館 一九五二年
吉川忠夫『古代中国人の不死幻想』 東方書店 一九九五年
吉川忠夫・麥谷邦夫編『真誥研究（訳注篇）』 京都大学人文科学研究所 二〇〇〇年
陳国符『道蔵源流考』 中華書局 一九四九年
卿希泰主編『中国道教史』全四巻 四川人民出版社 一九八八〜九五年
李養正『当代中国道教』 中国社会科学出版社 一九九三年
任継愈主編『中国道教史』増訂本 全二巻 中国社会科学出版社 二〇〇一年

図版出典一覧

王育成『明代彩絵全真宗祖図研究』中国社会科学出版社　2003	63
王純五主編『青城山志（第３版）』四川人民出版社　1998	85
『郭店楚墓竹簡』文物出版社　1998	11 下
『金闕玄元太上老君八十一化図説』（『道徳経太上絵図八十一化河上公註』）1930	43
『句容茅山志』黄山書社　1998	66
胡文和『中国道教石刻芸術史　上』高等教育出版社　2004	26, 35
胡文和『中国道教石刻芸術史　下』高等教育出版社　2004	52, 59 上
戴晨京編『仙山武当』宗教文化出版社　1999	82 右
周鑾書『廬山史話』江西人民出版社　1996	31
成寅編『中国神仙画像集』上海古籍出版社　1996	27 左
『青城山志（第４版）』巴蜀書社　2004	扉
『中華道蔵１』華夏出版社　2004	39
『中国画像石全集１』山東美術出版社　2000	9, 18
『中国道教発源聖地 龍虎山』海潮撮影芸術出版社　1993	65, 74
『中国道教風貌』宗教文化出版社　1999	30, 36 左, 47 左, 58, 82 左
張勛燎・白彬『中国道教考古１』綫装書局　2006	24, 25
陳攖寧『道教与養生』華文出版社　1989	84 右
『洞天勝境』中国道教協会　1987	36 右
『導引図』文物出版社　1979	19
『道徳経心伝二種』台湾自由出版社　1976	75
『敦煌道蔵４』中華全国図書館文献縮微複製中心　1999	42
『白雲観』中国道教協会　1994	73
『馬王堆漢墓文物』文物出版社　1992	11 上, 13
馬書田『中国道神』団結出版社　2006	29 右
『揚善半月刊仙道月報全集』全国図書館文献縮微復制中心　2004	84 左
藍先琳『民間年画』中国軽工業出版社　2005	77 下
東京藝術大学	27 右
ユニフォトプレス提供	17
CPC	カバー表
S. Little, *Taoism and the arts of China*, Arts Institute of Chicago, 2000.	カバー裏
著者提供	15, 29 左, 32 右, 33, 40, 62, 67, 71 上, 中, 下, 72, 77 上, 81 下

世界史リブレット96
中国《ちゅうごく》道教《どうきょう》の展開《てんかい》
2008年6月30日　1版1刷発行
2023年5月31日　1版5刷発行
著者：横手《よこて》　裕《ゆたか》
発行者：野澤武史
装幀者：菊地信義
発行所：株式会社 山川出版社
〒101-0047　東京都千代田区内神田1-13-13
電話　03-3293-8131(営業)　8134(編集)
https://www.yamakawa.co.jp/
振替　00120-9-43993
印刷所：明和印刷株式会社
製本所：株式会社 ブロケード
 ISBN978-4-634-34934-6

世界史リブレット　第Ⅲ期［全36巻］

〈白ヌキ数字は既刊〉

93 古代エジプト文明 —— 近藤二郎
94 東地中海世界のなかの古代ギリシア —— 岡田泰介
95 中国王朝の起源を探る —— 竹内康浩
96 中国道教の展開 —— 横手　裕
97 唐代の国際関係 —— 石見清裕
98 遊牧国家の誕生 —— 林　俊雄
99 モンゴル帝国の覇権と朝鮮半島 —— 森平雅彦
100 ムハンマド時代のアラブ社会 —— 後藤　明
101 イスラーム史のなかの奴隷 —— 清水和裕
102 イスラーム社会の知の伝達 —— 湯川　武
103 スワヒリ都市の盛衰 —— 富永智津子
104 ビザンツの国家と社会 —— 根津由喜夫
105 中世のジェントリと社会 —— 新井由紀夫
106 イタリアの中世都市 —— 亀長洋子
107 十字軍と地中海世界 —— 太田敬子
108 徽州商人と明清中国 —— 中島楽章
109 イエズス会と中国知識人 —— 岡本さえ
110 朝鮮王朝の国家と財政 —— 六反田豊
111 ムガル帝国時代のインド社会 —— 小名康之
112 オスマン帝国治下のアラブ社会 —— 長谷部史彦
113 バルト海帝国 —— 古谷大輔
114 近世ヨーロッパ —— 近藤和彦
115 ピューリタン革命と複合国家 —— 岩井　淳
116 産業革命 —— 長谷川貴彦
117 ヨーロッパの家族史 —— 姫岡とし子
118 国境地域からみるヨーロッパ史 —— 西山暁義
119 近代都市とアソシエイション —— 小関　隆
120 ロシアの近代化の試み —— 吉田　浩
121 アフリカの植民地化と抵抗運動 —— 岡倉登志
122 メキシコ革命 —— 国本伊代
123 未完のフィリピン革命と植民地化 —— 早瀬晋三
124 二十世紀中国の革命と農村 —— 田原史起
125 ベトナム戦争に抗した人々 —— 油井大三郎
126 イラク戦争と変貌する中東世界 —— 保坂修司
127 グローバル・ヒストリー入門 —— 水島　司
128 世界史における時間 —— 佐藤正幸